Für jeden leuchtet ein Stern

HERDER spektrum

Band 6025

Das Buch

Durch alle Sinne gehen uns die weihnachtlichen Tage und Nächte, weil in ihnen eine Sehnsucht lebendig wird, die tiefer reicht als die bloße Erinnerung der Kinderzeit. In 24 Kapiteln bringt dieses Lesebuch das Geheimnis dieser Zeit zur Sprache. Die Texte der fünf unverwechselbaren Autorinnen und Autoren Phil Bosmans, Anselm Grün, Andrea Schwarz, Christa Spilling-Nöker und Pierre Stutz laden ein, die Augen zu öffnen, damit es Weihnachten wird: »Für jeden von uns leuchtet ein Stern« (Anselm Grün).

Die Autoren

Phil Bosmans, Begründer des »Bundes ohne Namen«, der sich in vielen Ländern menschlich und sozial engagiert. Seine Bücher haben weltweit eine geschätzte Gesamtauflage von über neun Millionen. Er lebt in dem kleinen Kloster der Montfortaner in der Nähe von Antwerpen.

Anselm Grün, Dr. theol., seit 25 Jahren erfolgreicher »Manager« der Abtei Münsterschwarzach. Neben seiner Tätigkeit als Cellerar (Verwalter der Abtei) wirkt er als geistlicher Berater und Kursleiter. Anselm Grün ist der erfolgreichste spirituelle Autor der Gegenwart (www.einfach-leben.de).

Andrea Schwarz, Industriekauffrau und Sozialpädagogin, heute in der Seelsorge und als gefragte Referentin tätig. Sie ist eine der meistgelesenen christlichen Autoren unserer Zeit.

Christa Spilling-Nöker, Dr. phil., Pfarrerin mit pädagogischer und tiefenpsychologischer Ausbildung. Zahlreiche erfolgreiche Veröffentlichungen.

Pierre Stutz, Theologe, spiritueller Begleiter, Lebensberater. Mitbegründer des offenen Klosters Fontaine-André bei Neuchatel (Schweiz). Dichter und Autor viel beachteter Bücher (www.pierrestutz.ch).

Der Herausgeber

Ulrich Sander, Dr. theol., Verlagslektor und Herausgeber erfolgreicher Anthologien, zuletzt bei Herder »Unterwegs zum Licht. Der meditative Adventskalender«.

Für jeden leuchtet ein Stern

Weihnachtliche Texte von

Phil Bosmans

Anselm Grün

Andrea Schwarz

Christa Spilling-Nöker

Pierre Stutz

Ausgewählt, eingeleitet und herausgegeben
von Ulrich Sander

FREIBURG · BASEL · WIEN

Durchgesehene und überarbeitete Ausgabe 2008

www.herder.de

Umschlaggestaltung und -konzeption:
R·M·E München/Roland Eschlbeck, Liana Tuchel
Umschlagmotiv: © Bildagentur Geduldig

Herstellung: fgb · freiburger graphische betriebe
www.fgb.de

Gedruckt auf umweltfreundlichem, chlorfrei gebleichtem Papier
Printed in Germany

ISBN 978-3-451-06025-0

Inhalt

✷

Vorwort des Herausgebers

»Mandarinen, Nüsse und Weihnachtsplätzchen, Kerzen und Geschenkpapierrascheln, der Duft von Tannennadeln und das leise, fast unhörbare Geräusch fallenden Schnees« – wer denkt bei dieser Aufzählung von *Andrea Schwarz* nicht an die Tage der Advents- und Weihnachtszeit: »Manche mögen das sentimental nennen, für mich heißt es Sinnlichkeit.« Durch alle Sinne gehen uns diese Tage und Nächte, weil in ihnen die Sehnsucht nach einem Zuhause lebendig wird, die tiefer reicht und weiter wirkt als die bloße Erinnerung der Kinderzeit. »Jedes Herz kann eine Krippe sein, in dem die Liebe geboren wird« – in diese einfachen Worte bringt *Phil Bosmans* das Geheimnis der Gottesgeburt. Hier liegt der Grund, warum die Botschaft vom göttlichen Kind, von der Suche der Hirten und Könige, vom Gesang der Engel und vom Stern, der in der Dunkelheit leuchtet, auch die hartgesottenen Herzen zu rühren vermag. Es gibt einen Raum der Stille, der in jedem Menschen ist. »Wir brauchen diesen Raum nicht zu schaffen, er ist längst in uns«, sagt *Anselm Grün*: Die Weihnachtszeit ist eine Einladung, in diesen inneren Raum einzutreten. »Über dir der Himmel mit seinem Licht und unter dir die Erde, die dich trägt, dazwischen ein Engel, der dich küsst, mitten ins Herz« – so fasst *Christa Spilling-Nöker* die Erfahrung des Einklangs zusammen, wenn Himmel und Erde sich im Herzen des Menschen berühren. Der Sternenstaub, der auf die Tage der Advents- und Weihnachtszeit fällt, ist alles andere als trügerischer Flitter: »Adventszeit ist Erwartungszeit, nicht Vertröstungszeit«, schreibt *Pierre Stutz*. Um den Stern zu sehen, braucht es Augen, die sich nicht verschließen, weder vor den eigenen Schatten noch vor den Dunkelheiten, unter denen Menschen und Geschöpfe leiden.

Die zu 24 Kapiteln zusammengestellten Texte der fünf genannten unverwechselbaren Autorinnen und Autoren laden uns ein, dass wir die Augen öffnen, damit es Weihnachten wird: *Für jeden von uns leuchtet der Stern.*

Ulrich Sander

*

Für jeden leuchtet ein Stern

Wenn du versuchst, so zu leben,
wie Gott dich gemeint hat,
wenn du dein ursprüngliches Bild
in dieser Welt sichtbar werden lässt,
dann trägst du dazu bei,
dass diese Welt heller und heiler wird.

Wenn wir miteinander so leben,
wie Gott es uns zutraut,
dann werden wir immer mehr
die Nacht dieser Welt erleuchten
und zu Lichtträgern der Hoffnung werden.

Dort wo du lebst,
leuchtet dann mitten in der Nacht
ein Stern, auch wenn er noch so klein ist.
Aber dieser eine Stern
verwandelt die Nacht.

Anselm Grün

I

Advent

Vom Zauber des Advents

Die Wochen des Advents sind Wochen, in denen ich oft meine, in einer erhöhten »Sinnlichkeit« zu leben, empfindsamer zu sein. Ich rieche mehr, ich höre anderes, ich schaue aus einem anderen Blickwinkel, bin behutsamer, nehme anders wahr, bin offener als sonst für Zeichen und Symbole.

Es liegt für mich eine Art von Zauber über diesen Wochen, den alle raue und harte Realität nicht durchbrechen kann – im Gegenteil: Manchmal meine ich fast, dass dieser Zauber auch die brutale Wirklichkeit umfasst und verändert. Von diesen Tagen und Wochen scheint etwas auszugehen, das auch die hartgesottenen Herzen »aufweicht«.

Oder sind es womöglich doch nur die längeren Nächte der Dunkelheit, die die Sehnsucht nach dem Licht wachsen lassen? Jedenfalls – ich weiß nicht, warum oder wozu es

bei mir so ist, aber es ist so: Zur Adventszeit gehören für mich unabdingbar Mandarinen, Nüsse und Weihnachtsplätzchen, Kerzen und Geschenkpapierrascheln, der Duft von Tannennadeln und das leise, fast unhörbare Geräusch fallenden Schnees, ich schreibe Karten mit dem Gruß »Frohe Weihnacht!«, bekomme Weihnachtsgrüße – diese Wochen sind für mich irgendwie anders. Manchmal kommt es mir vor, als klinge da leise, ganz im Hintergrund, eine Melodie, die verzaubert, die mich vielleicht ein wenig neu zum Kind werden lässt, die mich das Staunen, das Offen-Sein lehrt. Advent muss ich hören, fühlen, sehen, riechen, empfinden, greifen können …

Mag sein, dass ich gerade in diesen eher dunklen Wochen, in denen »draußen« so wenig »Sichtbares« geschieht, meine Aufmerksamkeit eher nach innen, auf mich hin ausrichte. Die vielfältigen Sinneseindrücke von außen nehmen ab, um den Eindrücken in mir Platz und Raum zu schaffen. Bei aller Hektik – so verlangsamt sich doch das Leben in mir. Advent und Weihnachten kann bei mir nicht nur mit dem Kopf stattfinden – ich brauche auch etwas für Herz und Hand. Manche mögen das sentimental nennen, für mich heißt es Sinnlichkeit. Und vielleicht

ist es gerade eine solche Zeit, in der man, im Sinne von *Saint-Exupéry*, mit dem »Herzen gut sieht«.

Dass sich die Werbung und die Wirtschaft genau dieses zunutze macht, kann man ihr fast nicht vorwerfen – offen bleibt dagegen die Frage, ob ich vor lauter Herz und Hand nicht manchmal vielleicht auch den Kopf ausschalte ... ob ich nicht unbewusst so sehr wieder Kind sein will, dass ich in kindliche Verhaltensweisen zurückfalle – und mein Erwachsen-Sein auf Urlaub schicke.

Es ist ein Zauber, von dem diese Tage und Nächte vor der Wintersonnenwende umgeben sind – und ich darf mich in diesen Zauber hineinbegeben, mich verzaubern lassen, wenn ich zugleich nicht die Radikalität und Existentialität dieser Tage und ihre Botschaft dabei vergesse.

Andrea Schwarz

Adventliche Menschen

Adventszeit ist Erwartungszeit, nicht Vertröstungszeit. Sie will zum Aufbruch bewegen, zu mehr Menschlichkeit. Gottes Ankunft ereignet sich in jedem Menschen, der mehr er selbst wird, der seine Aufgabe in dieser Welt deutlicher entdeckt und lebt. Da kommt Gott ihm und uns entgegen als innere Lebenskraft, die immer schon da ist! Doch ohne bewusste Achtsamkeit lebe ich an dieser Hoffnung stiftenden Wirklichkeit vorbei.

Darum ist für mich ein adventlich-spiritueller Mensch – eine Frau, ein Mann, ein Jugendlicher, ein Kind –, der/die täglich wahrnimmt, was sie erlebt, was ihn beängstigt, was sie ermutigt, was ihn verunsichert, was ihre Hoffnung nährt, was ihn empört. Adventliche Menschen stiften einander an, den Alltagserfahrungen zu trauen, ohne sie zu bewerten oder zu beurteilen. Das ist ein anspruchsvolles Unterfangen, das wir nie »im Griff haben«, sondern das jeden Tag neu im Werden ist. Es bedeutet, mit einem wohlwollenden Blick sich, den anderen, der Welt zu begegnen.

Dieser Blick für das Wesentliche und für das Verbindende lebt aus dem Vertrauen, dass das Bild Gottes in uns

allen wirkt und wohnt. Der holländische Mystiker *Jan van Ruusbroec* (1293–1381), dessen Gedenktag am 2. Dezember gefeiert wird, spricht von der sehr persönlichen und zugleich verbindenden Gegenwart Gottes in allem:

»Das Bild Gottes ist in allen Menschen
wesentlich und persönlich vorhanden.
Jeder besitzt es ganz,
vollständig und ungeteilt,
und alle zusammen,
besitzen doch nur *ein* Bild.
Auf diese Weise sind wir alle eins,
innig vereint in unserem ewigen Bilde,
welches das Bild Gottes
und der Quell
all unseres Lebens in uns ist.«

Pierre Stutz

Das Licht des Advents

In der Adventszeit zünden wir die ersten Kerzen an. Aber anstatt im Lichtschein zur Ruhe und zu innerem Frieden zu gelangen, setzen wir uns unter neuen Leistungsdruck. Was müssen wir bis zum Fest noch alles erledigen, wie viele Plätzchen wollen noch gebacken, wie viele Geschenke noch besorgt werden? Wir hetzen umher und fragen uns, wie wir alle vor uns liegenden Aufgaben noch bewältigen und uns zugleich auf Weihnachten von innen her einstimmen können.

Vielleicht, indem wir uns auf den Engel des Lichts einlassen. Er will uns die Augen dafür öffnen, dass wir uns mehr mit unseren Herzen als mit unserem Geldbeutel auf die Menschen besinnen, die uns nahe stehen. Vielleicht ist ein lieber Brief, für den wir uns Zeit nehmen, mehr wert als ein teures Geschenk, vielleicht ist die Zeit für ein Gespräch notwendiger als ein gründlicher Hausputz.

»Steh auf, werde Licht! Denn gekommen ist dein Licht.« Die Kerzen im Advent laden uns ein, dass wir in aller Stille unser Leben bedenken: Welche Fehler haben wir gemacht, was aber ist uns zugleich geglückt und gelungen? Wen ha-

ben wir gekränkt und verletzt, mit welchen Menschen haben wir uns hingegen offen aussprechen können? Was soll bleiben wie es ist, welche Dinge möchten wir ändern?

Möge das Licht des Advents
unsere Herzen erhellen,
damit wir unserem Leben
eine segensreiche Richtung geben
und die Zukunft uns
mit heilvollen Schritten
entgegeneilt.

Christa Spilling-Nöker

Advent heißt Ankommen

Advent heißt »Ankunft«. Häufig höre ich Menschen seufzen: »Ich bin noch nicht ganz da. Lass mich doch erst einmal ankommen!« Wir sind meistens nicht dort, wo wir sind. Wir sind mit unserer Seele noch nicht angekommen.

Wir feiern im Advent die Ankunft Jesu Christi bei uns, sein Ankommen in unserem Herzen. Natürlich wissen wir, dass Jesus schon gekommen ist. Er ist vor zweitausend Jahren als Mensch auf diese Erde gekommen, um mit uns zu sein. Und er ist längst schon bei uns da. Aber wir erleben ihn als den Kommenden, weil wir selbst nicht bei uns sind. *Karl Valentin* hat das treffend ausgedrückt: »Ich bekomme heute Abend Besuch. Ich hoffe, dass ich daheim bin.« Wir sind oft nicht bei uns daheim. Wir sind irgendwo mit unseren Gedanken und Gefühlen, gehen mit unseren Gedanken spazieren. Weil wir nicht bei uns sind, erleben wir Christus, der schon längst bei uns ist, als den Kommenden. Die Frage ist, ob dieser Jesus bei uns auch wirklich ankommt.

Das deutsche Wort »Abenteuer« kommt von *advenire,* Advent, Ankunft. Wenn Gott zu uns kommt, dann ist das

ein Abenteuer für uns. Dann brechen unsere routinierten Gewissheiten und Sicherheiten zusammen. Es gibt zahlreiche Märchen, die davon erzählen, dass einer die Ankunft Gottes bei sich erwartet. Er bereitet ein festliches Essen vor. Aber da kommen ihm andere in die Quere. Ein Armer klopft an und bittet um Hilfe. Er wird weggeschickt. Ein Junge kommt, aber er stört beim Warten auf das Kommen Gottes. In Wirklichkeit ist Gott in diesen ärmlichen Menschen gekommen. Aber wir sind so sehr auf unsere Bilder von Gott fixiert, dass wir sein Kommen übersehen. Wir warten immer auf etwas Außergewöhnliches und merken gar nicht, wie Gott täglich zu uns kommt in Menschen, die uns um etwas bitten, in Menschen, die uns mit einem Lächeln beschenken. Jede Begegnung mit einem Menschen ist ein Abenteuer, ein Ankommen Gottes bei uns, das zu einem besonderen Ereignis wird, wenn wir offen dafür sind.

Samuel Beckett hat in seinem Drama »Warten auf Godot« das vergebliche Warten der beiden Landstreicher Wladimir und Estragon auf einen gewissen Herrn Godot beschrieben. Beide warten und warten, aber Godot kommt nicht. Sie wollen sich schon aufhängen. Aber es kommt

nicht dazu, sie scheitern damit. Da sagt Estragon: »Und wenn er kommt?« Wladimir antwortet: »Sind wir gerettet.« Das ist wahr: Wenn Gott zu uns kommt, dann sind wir gerettet. Das erhoffen heute viele Menschen. Aber sie warten vergeblich, dass Gott zu ihnen kommt. Sie erfahren sein Kommen nicht.

Gott kommt in jedem Augenblick. So sagen es die Mystiker. Die Adventszeit möchte dich einladen, bei dir selbst anzukommen, damit Christus zu dir kommen kann, in jedem Augenblick, aber auch am Ende der Zeit, wenn deine Zeit zu Ende ist und Christus in seiner Herrlichkeit zu dir kommt, damit du für immer bei ihm bist und bei dir, angekommen am Ziel deines Suchens.

Anselm Grün

Die Herzen öffnen

Gott kommt, dass die Menschen ihm ihr armes Menschenherz öffnen, um Liebe zu empfangen. Liebe soll immer mehr das Leben der Menschen bestimmen. Doch dazu sind sie wenig bereit. So wird das Leben jeden Tag zu einer neuen Herausforderung: Raum schaffen für die Liebe, Raum für Gott, der Liebe ist.

Zeit, sich für Gottes Kommen bereit zu machen. Gott sucht den Menschen, und der Mensch sucht Gott. Der heilige Gott sucht den in Schuld gefangenen Menschen, und der Gefangene sucht den Heiligen, um geheiligt zu werden, um aufgenommen zu werden in das Licht und in die Liebe.

Mut und Vertrauen! Gott hört uns, auch wenn wir nicht sprechen können. Gott sieht uns, auch wenn wir blind sind. Gott lässt seine Sonne scheinen, auch wenn wir uns im Schatten verkriechen. Sollte er, der dem Menschen ein Herz für die Liebe gab, nicht selbst unendliche Liebe sein?

Phil Bosmans

2

Erwartung

Die Zeit des Wartens

Die winterliche Zeit eröffnet uns einen neuen Zugang zum Warten. Die Mystikerin *Simone Weil* (1909–1943) fasst ihre ganze Lebenseinstellung als *attente*, als Erwartung, als Aufmerksamkeit zusammen. Aktiv warten können schenkt uns so viel Entlastendes in unserem Leben. Wir erkranken immer mehr an Leib und Seele, wie wir alles sofort – und zwar *subito!* – haben möchten. Dabei hätten wir vielmehr eine Brachzeit nötig, eine Kultur der Leere, eine Zeit des Rückzuges in allen persönlichen, wirtschaftlichen, sozialen und ökologischen Zusammenhängen. Eine mystische Lebensgestaltung des Erwartens führt uns einmal mehr in die Annahme des Paradoxen, der Spannenden, Widersprüchlichen im Leben.

Die christliche Adventszeit wird als eine Zeit der Erwartung umschrieben. Dabei geht es um eine Grund-

spannung, die allen aufmerksamen Menschen vertraut ist: *mehr als alles* vom Leben zu erwarten und *nichts* zu erwarten, um die Kraft des Augenblicks zu erfahren.

Mehr als alles zu erwarten, um nicht hinter meinen Entfaltungsmöglichkeiten zurückzubleiben und um das Engagement für eine gerechtere Welt nie aufzugeben – und zugleich Tag für Tag offen zu sein für die Kraft des Hier und Jetzt. So gebe ich meine Werte nicht der Beliebigkeit oder den Meinungsumfragen preis, sondern ich verwirkliche sie in der Haltung aktiver Gelassenheit. Aktiv warten können, das hat nichts zu tun mit einem passiven, in Resignation und Apathie verharrenden Abwarten, weil eh nichts geschehen wird; es nährt in mir vielmehr den Blick für das, was wirklich ist im Leben, für das Schöne und Lustvolle und zugleich für das Empörende und Ungerechte. Aktiv warten können, heißt Tag für Tag voller Aufmerksamkeit, voller Mitgefühl sein in beharrlicher Geduld und in der kraftvollen Erinnerung, dass wir gesegnet sind in unserer Lebensmacht und in unserer Ohnmacht.

Pierre Stutz

Erwarten ohne Erwartungen

Der Advent wird oft die »Zeit der Erwartung« genannt. Und doch ist diese Zeit eher eine Zeit des »Erwartens«. Beide Wörter mögen ähnlich lauten, wollen aber doch etwas vollkommen Verschiedenes ausdrücken. Erwartung und Erwarten sind zweierlei, und es gilt, gerade in diesen Tagen, hier zu unterscheiden.

Viele Menschen haben eine feste Vorstellung davon, wie denn die Adventszeit und das Weihnachtsfest ablaufen sollen: eine stimmungsvolle Zeit, angenehme Überraschungen, freundlich gestimmte Menschen, ein bisschen Schnee zum Fest wär ja auch ganz schön, der Geschenkeeinkauf ist generalstabsmäßig vorgeplant, der 4. Advent ist für die Weihnachtspost reserviert, und am Heiligabend gibt es wieder, wie immer, Schäufele mit Kartoffelsalat – oder inzwischen auch Räucherlachs und französisches Stangenweißbrot. Man hat sein Bild von diesen Tagen, dieser Zeit – und je nach Kindheitserinnerungen und nach Familientradition gibt es ganz einfach bestimmte Dinge, die dazugehören. Und manche erste Meinungsverschiedenheit bei »Jungverheirateten« in diesen Tagen mag daher kommen, dass einfach zwei unterschiedliche Weisen, die Advents- und Weihnachtstage zu gestalten, plötzlich aufeinander treffen. Das sind *Erwartungen.* Sie reproduzieren Vergangenheit, wollen die Wiederholung bekannter Muster und Handlungen, sind sozusagen rückwärts orientiert.

Das Wort *»Erwarten«* aber ist nach vorne orientiert, ist offen für Neues und Unerwartetes, ist ein »Sein«, eine Einstellung, eine Haltung. Diese unterschiedlichen »Klänge« erschließen sich gut an zwei ähnlichen und doch verschiedenen Sätzen. »Ich erwarte von dir ...« wäre das eine – und der Satz ist rasch zu vervollständigen mit irgendwelchen Bildern und Vorstellungen, die jemand hat: »Ich erwarte von dir, dass du dein Zimmer aufräumst, dass du mir zuhörst, dass du mich ernst nimmst, dass du Rücksicht nimmst ... dass Weihnachten ein schönes Fest sein soll.« Ein solches Verständnis schreibt fest, meine Vorstellungen und Bilder sollen Wirklichkeit werden, genau so und so möge es bitte sein. Und dahinter verbergen sich eigentlich Forderungen.

Das andere Verständnis zeigt sich eher in dem Satz »Ich erwarte dich!« – also nichts von Forderungen, die der andere zu erfüllen hat, sondern ein ganz offenes, liebes »Ich

bin da, ich erwarte dich – egal, wann du kommst, wie du kommst, ich erwarte dich!« Ist die erste Bedeutung dieses Wortes eher eine fordernde und geschlossene, so ist die zweite Bedeutung offen für das Unvorhergesehene, ist werbend, einladend.

Und mir scheint, als ob viele Menschen *Erwartungen* an Gott haben, aber ihn selbst mögen sie eigentlich schon lange nicht mehr erwarten.

In diesen adventlichen Tagen ist mit dem Wort »Erwarten« eigentlich genau diese zweite Richtung gemeint. Es geht nicht um das Reproduzieren bekannter Muster und Handlungen, sondern um die vorbehaltlose Offenheit für neue Entwicklungen und Ereignisse. Nicht der Blick zurück ist gefragt, sondern der Blick nach vorne. Ein solcher Blick aber weitet den Horizont, macht Lust zum Aufbruch, die Sehnsucht lockt. Der Blick zurück dagegen lässt erstarren, will Altes festhalten, verhindert die Weiterentwicklung …

Die entscheidende Frage heißt: Habe ich Erwartungen, oder bin ich in Erwartung? Habe ich ein Bild davon, was in diesen Tagen zu geschehen hat, oder bin ich offen dafür, wie sich Advent und Weihnachten in diesen Tagen neu in

mir ereignen mögen, was das Abenteuer der Menschwerdung jetzt für mich bedeutet? Wenn ich mein festes Bild vor Augen habe, dann werde ich ziemlich sicher enttäuscht werden, entweder weil es einfach anders sein wird oder gerade weil ich in meinem mir selbst gemachten Bild bestätigt werde – aber das kenne ich ja nun auch schon. Die Sehnsucht jedenfalls wird nicht gestillt.

Erwartend kann ich neugierig und gespannt sein, was diese Tage neu an Überraschung für mich bereithalten, erlebe die Erfahrungen, die ich mache, als Geschenk, lasse mich auf den Weg, das Leben, diesen Gott ein.

Maria, die Mutter Jesu, hat eine solche Lebenseinstellung beispielhaft gelebt. Sie hat Abschied genommen von Erwartungen, um erwartend zu sein, offen für das, was dieser Gott mir ihr und für sie wollte.

Dann kann Gott zur Welt kommen.

Andrea Schwarz

Die Sehnsucht wach halten

Indem wir in den Advents- und Weihnachtstagen unsere Sehnsüchte feiern, bekommen sie eine positive Funktion. Wir brauchen unsere Sehnsüchte nicht zu verdrängen, wir brauchen nicht in Enttäuschung und Resignation zu fallen. Wir brauchen unser Leben auch nicht in übertriebenen Worten zu beschreiben, um die Enttäuschung nicht hochkommen zu lassen oder um sie vor anderen zu verbergen.

Wir sollen unsere Enttäuschungen getrost anschauen: Mein Freund, mein Ehepartner, die Gemeinschaft, in der ich lebe, sie sind alle so durchschnittlich. Ich habe mehr erwartet von ihnen. Mein Beruf füllt mich nicht aus. Da ist so viel Routine und Alltag. Doch statt darüber zu jammern, sollte ich mir sagen: Es ist gut, dass das so ist, dass ich darin nicht meine letzte Erfüllung finde, dass die Menschen meinen Erwartungen nicht gerecht werden.

Denn das lässt mich meine Sehnsucht auf Gott richten. Das treibt mich zu Gott. Wenn ich meine Enttäuschungen so betrachte, dann kann ich mich mit meinem durchschnittlichen Leben aussöhnen, ohne in Resignation zu verfallen. Im Gegenteil: Gerade die Banalität meines

Lebens wird meine Sehnsucht nach Gott wach halten. Und so kann ich Advent feiern, das Warten, dass Gott selbst in dieses Leben, in diese Durchschnittlichkeit tritt und damit alles verwandelt.

Viele können diese Sehnsucht nicht aushalten. Sie müssen sie zustopfen. Und so wird ihre Sehnsucht in Sucht pervertiert. Man wird süchtig, weil man sich der eigentlichen Sehnsucht im Herzen nicht stellen mag oder es nicht mehr kann. Die Angst vor der Lücke, die die Sehnsucht in uns aufdeckt, ist so stark geworden, dass man das Loch unter allen Umständen zudecken muss. Man würde sonst verunsichert in seinem Lebensentwurf, der ganz auf die Erfüllung diesseitiger Wünsche ausgerichtet ist. Über den Zaun des Diesseits will man nicht schauen, aus Angst, der Blick könnte in ein Land fallen, das von Milch und Honig überfließt und uns zum Auszug aus dem eigenen Gebiet drängen würde. Es geht uns wie den Kundschaftern Israels, die fasziniert waren von dem Land der Verheißung, die aber aus Angst die Menschen in diesem Land als feindliche Riesen schilderten, weil sie den Auszug aus dem Vertrauten nicht wagen wollten.

Anselm Grün

3

Stille

Die Kraft der Stille

Viele sehnen sich heute danach, still zu werden, dass Stille sie von außen wie von innen umgibt. Aber zugleich erleben sie, Stille nicht einfach machen zu können. Wenn sie sich ruhig hinsetzen, wird es in ihnen nicht gleich still. Sie begegnen zunächst einmal dem inneren Lärm der Gedanken und Gefühle. Das ist für sie unangenehm. Denn da melden sich Ärger und Enttäuschung. Manchmal taucht auch die Angst auf, ob ihr Leben überhaupt stimmt oder ob sie an sich selbst vorbei leben. Schuldgefühle kommen hoch. Mit denen möchte man nichts zu tun haben. Daher greift man nach irgendwelchen Beschäftigungen, um sich der eigenen Wahrheit nicht stellen zu müssen.

Wir können nur still werden, wenn das innere Urteilen und Verurteilen, das Bewerten und Entwerten zum Schweigen kommen. Stille kommt von »stehen bleiben«.

Es braucht Mut, bei dem inneren Chaos, das in mir auftaucht, stehen zu bleiben, Stand zu halten, mich mit all dem, was in mir auftaucht, auszuhalten. Solange ich in Bewegung bin, kann ich auch vor mir selbst davonlaufen. Ich beschäftige mich immer mit irgendetwas, damit ich mich selbst nicht anschauen muss. Still werden heißt: stehen bleiben, um sich dem zu stellen, was da in mir hochkommt. Die Versuchung, lieber vor dem wegzulaufen, was sich in mir zu Wort meldet, ist groß. Still werden heißt: stehen bleiben. Stille verlangt Stehvermögen.

Die Mutter »stillt« ihr Kind. Das Kind schreit, wenn es Hunger hat. Da muss es die Mutter stillen, damit es wieder still wird. Die deutsche Sprache drückt eine wichtige Erfahrung aus. Wenn wir den Mut haben, stehen zu bleiben und nicht vor der eigenen Wahrheit davonzulaufen, dann meldet sich in uns ein unendlicher Hunger zu Wort. Es ist nicht der Hunger nach Speise, sondern nach Leben, nach Liebe. In diesem Hunger schreien unsere tiefsten Bedürfnisse danach, befriedigt zu werden. Es sind die Bedürfnisse, beachtet zu werden, gelobt zu werden, geliebt zu werden, zärtlich berührt zu werden. Wenn wir stehen bleiben, steht nicht gleich eine Mutter bereit, um unseren Hunger zu stil-

len. Wir können aber den Hunger Gott hinhalten, damit er ihn erfüllt und unsere Bedürfnisse stillt …

Der Mensch kommt nur zu sich, wenn er still wird. Wer nicht mit sich in Berührung kommt, wer nicht in seiner Mitte ist, lässt sich von außen bestimmen. Die vielen Einflüsse von außen machen ihn krank. Wir brauchen die Stille, um wir selbst zu werden und ganz bei uns zu sein. Nur so wird ein menschenwürdiges Leben möglich.

Vor Jahren wanderte ich eine Woche lang mit einem Familienkreis durch den Steigerwald. Eine Stunde täglich gingen wir bewusst schweigend durch den Wald. Ich führte die Erwachsenen und Kinder ein in die Stille. Sie sollten einfach in ihren Sinnen sein: hören, riechen und spüren, wie der Wind sie umstreichelt, und sich in der Stille von Gott geborgen wissen. Am nächsten Tag kamen die Kinder zu mir und fragten: »Machen wir das wieder mit den schönen Gedanken?« Für sie war das Schweigen: schöne Gedanken zu haben. Die Kinder haben sich gefreut, im Schweigen auf gute Gedanken zu kommen. Sie erfuhren die Stille wie einen heilsamen Raum für ihr Denken.

Wenn eine Gruppe schweigend miteinander meditiert, entsteht oft eine intensive Stille, die man fast greifen kann.

Man möchte meinen, schweigen könne man besser allein. Doch wenn viele miteinander schweigen, entsteht ein Raum der Stille, den alle als wohltuend erleben. Sie fühlen sich vom gemeinsamen Schweigen umgeben wie von einer schützenden und heilenden Hülle. Obwohl sie nicht miteinander sprechen, spüren sie eine tiefe Verbundenheit mit den anderen. In der gemeinsamen Stille entsteht eine Kraft, von der man sich genährt und gestärkt fühlt. Die Stille ist wie das Band, das alle zusammenhält.

Wenn Stille sich um uns breitet und unser Herz erfüllt, dann erleben wir eine eigenartige Stimmung. Es ist etwas Zartes in der Stille, etwas Geheimnisvolles. Die Stille ist voll von Liebe, von Zärtlichkeit, von Ehrfurcht. In der Stille fühlen wir uns geborgen. Sie ist wie ein Mantel, der uns einhüllt.

Wenn die Stille sich nicht nur um mich breitet, sondern es auch in mir still geworden ist, dann ist das ein Augenblick größten Glücks. Nichts stört mich mehr. Keine Gedanken wollen mich von mir wegbringen. Ich bin bei mir. Ich bin eins mit mir und eins mit allem, was ist. Schweigen ist etwas Kostbares und zugleich Zartes. Ich spüre, dass ich es nicht besitzen kann. Ich kann die Stille

nur mit zarten Händen berühren. Sobald ich sie festhalten möchte, entschwindet sie wieder. Aber solange sie da ist, ahne ich etwas vom Geheimnis des Seins und des Lebens.

Die Mystiker aller Zeiten sprechen von einem Raum der Stille, der in jedem Menschen ist. Wir brauchen diesen Raum nicht zu schaffen, er ist längst in uns. Unser wahres Selbst ist ein Geheimnis, das wir schweigend erahnen, ohne es in Worte fassen zu können. Schweigend meditieren wir uns hinein in das unberührte und unverfälschte Bild Gottes von uns.

»Als tiefes Schweigen das All umfing« (Weisheit 18,14), da stieg das Wort Gottes vom Himmel herab und nahm in Jesus Christus Menschengestalt an. In tiefer Stille geschah das Wunder der Menschwerdung: Weihnachten, Nacht. Es braucht diese tiefe Stille, damit Gott in uns geboren werden kann. Für die Mystiker ist der Ort des Schweigens, zu dem kein Gedanke Zutritt hat, der edelste Teil des Menschen. Es ist der Bereich, in dem Gott in uns geboren werden will. Da bildet sich Gott in unsere Seele ein, damit wir immer mehr in die einmalige Gestalt hineinwachsen, die Gott jedem zugedacht hat.

Anselm Grün

In der Stille

Wenn ich müde bin vom Weg zu den Sternen, um den Menschen in der Nacht ein bisschen Licht zu holen, dann setze ich mich in die Stille und finde dich, mein Gott.

Dann lausche ich der Quelle und ich höre dich. Ganz tief in mir selbst und in allem, was um mich ist, spüre ich ein großes Geheimnis.

Für mich ist Beten eine Frage von Liebe, Vertrauen und Hingabe, eine glaubende, beinahe blinde Hingabe an Gott, das unergründliche Wesen, in dem ich mich geborgen weiß. Ich fühle mich eingeholt vom magnetischen Feld eines unendlich liebenden Gottes, der mich immer weiter an sich zieht. So ist Beten etwas Selbstverständliches, etwas ganz Natürliches, eine Art Atemholen. Beten beginnt ganz tief im Menschen.

Ein Vogel ist ein Vogel, wenn er fliegt.
Eine Blume ist eine Blume, wenn sie blüht.
Ein Mensch ist ein Mensch, wenn er betet.

Phil Bosmans

Sprechende Stille

Es gibt Momente
in denen man nichts mehr sagen kann
weil es nichts mehr zu sagen gibt
was in Worten auszudrücken wäre

es gibt Momente
in denen man sich unendlich viel zu sagen hat
und nichts zu sagen braucht
weil ein Blick ein Händedruck viel sprechender sind

es gibt Momente
da muss man nichts mehr sagen
weil alles was zu sagen ist gesagt ist
und man sich nur noch nahe ist …

es
gibt
…

Andrea Schwarz

Mitten ins Herz

Über dir der Himmel mit seinem Licht
und unter dir die Erde, die dich trägt,
dazwischen ein Engel, der dich küsst,
mitten ins Herz.

Christa Spilling-Nöker

4

Winter

Winterliche Herzen

Ein kalter Winter ist etwas Schlimmes. Viel Leid und Not kommt über die Menschen. Aber mit Kohlen-, Öl- oder Gasheizung lässt sich der Winter aus der Wohnung vertreiben. Ein kaltes Herz ist etwas viel Schlimmeres. Mit einem kalten Herzen in der Brust bleibt man ein Eisbär selbst am wärmsten Kachelofen. Wo ein kalter Mensch auftritt, herrscht eine eisige Atmosphäre, und alle Freude erstarrt. Bei einem kalten Herzen gibt es nichts zu lachen, kein friedliches, freundliches Wort, kein bisschen Glück.

Ein Mann mit einem kalten Herzen kennt keine Gefühle: eine Katastrophe für seine Frau, seine Familie und alle seine Mitmenschen. Ein Frau mit einem kalten Herzen ist hart und verbittert, unleidlich und voller Vorwürfe gegen ihre Umgebung. Bei der kleinsten Unstimmigkeit fällt das Stimmungsbarometer unverzüglich in den Keller.

Kalte Herzen machen unsere Welt zur Eiswüste. Da kann kein Mensch leben, ein Zuhause finden und sich wohlfühlen. Liebe heißt: ein Herz haben füreinander. Wärme ausstrahlen und keinen verletzen. Feuer sein und niemanden verbrennen.

Um Mensch zu werden, brauchen Menschen Wärme und viel Liebe.

Sei sanft und einfühlsam.

Lass keinen in der Kälte stehen.

Phil Bosmans

Der Winter beginnt zu blühen

Im Dezember, am Barbaratag (4. Dezember) werden Zweige mit Knospen in eine Vase gestellt. Es soll Glück bringen, wenn sie an Weihnachten blühen.

Der Legende nach war Barbara ein junges Mädchen zur Zeit der Christenverfolgungen im Römischen Reich. Sie wurde von ihrem Vater in einem Turm mit zwei Fenstern eingeschlossen, wenn er auf Reisen ging. Dennoch gelang es Barbara, sich während der Abwesenheit ihres Vaters tau-

fen zu lassen – als Symbol für den dreifaltigen Gott ließ sie ein drittes Turmfenster einbauen. Als man sie zur Strafe in den Kerker sperrte und zum Tode verurteilte, soll sich ein Kirschbaumzweig in den Falten ihres Kleides verfangen haben. Am Tag ihrer Hinrichtung blühte der Zweig auf – ein Gruß des Lebens.

Verloren die Träume,
verkrümmt die Sehnsucht,
erstorben die Hoffnung
und tot der Glaube,
dass sich irgendwann
noch einmal
ein Sinn entdecken lässt.
Und dennoch
blühen auch an abgeschnittenen Zweigen
wieder frische Knospen auf,
erwacht die Zuversicht zu neuem Leben
und wächst dir langsam
wieder Freude zu.

Christa Spilling-Nöker

Blumen im Winter

Wenn mitten in der Dunkelheit und Kälte des Winters trockene Zweige Wasser bekommen, dann blühen sie auf und geben ein Zeichen des Lebens. So steht es auch mit unserem Inneren: Wenn wir im Traum Bilder des Winters sehen, dann drückt auch dies immer den Zustand unserer Seele aus … Eine Frau erzählte mir einmal einen Traum, dass sie durch eine Schneelandschaft gegangen sei. Auf einmal habe sie unter dem Schnee einen Löwenzahn gesehen und sich darüber gewundert. Im Gespräch über den Traum wurde ihr klar, dass der Schnee für ihre vereisten Gefühle stand, dass der Löwenzahn aber andeutete, dass in ihr der Frühling anbricht, dass neues Leben sich schon mitten im Schnee ankündigt. Das alte deutsche Weihnachtslied hat diese Symbolik aufgegriffen, wenn es singt: »Und hat ein Blümlein bracht mitten im kalten Winter« … So bedeuten für uns Christen die Barbarazweige noch mehr, als dass in der Kälte des Winters neues Leben aufblüht. Sie sind Zeichen der Hoffnung, dass durch Christus auch unser Leben immer fruchtbar wird.

Anselm Grün

Den Winter begrüßen in mir

Den Winter begrüßen in mir
mir endlich Brachzeit zugestehen
in der äußerlich alles still steht
und innerlich so viel wachsen und reifen kann

Den Winter begrüßen in mir
die mit Schnee bedeckte Landschaft
als Ermutigung zur Langsamkeit sehen
in die Ruhe und Schweigen eintreten kann

Den Winter feiern mit dir
in Zeiten der Kälte und der Dunkelheit
einander Wärme und Geborgenheit schenken
in zärtlicher Zuwendung und wohltuendem Austausch

Den Winter feiern in Gemeinschaft
Kerzen und Friedensfackeln entzünden
kraftvolle Räume schaffen
für unsere Sehnsucht nach Solidarität

Den Winter begrüßen in mir
wie die Natur meine Kraft zurücknehmen
in der Energie des einfachen Daseins
höchste innere Aktivität erahnen

Den Winter feiern mit Leib und Seele
Erstarrtes in mir wahrnehmen
erkaltete Beziehungen behutsam auftauen lassen
eine Konfliktkultur gestalten

Den Winter begrüßen in mir
als schweigenden Seelengrund
in dem das Göttliche sich gebiert
in meinem Selbstwerdungsprozess

Den Winter meditieren
aktives Warten kultivieren
bei mir selber zu Hause sein
um suchenden Menschen Beheimatung zu schenken

Pierre Stutz

5

Wünschen

Von der Kraft des Wünschens

Advent ist eine Zeit des Wünschens, eine Zeit, in der man Wünsche haben und sie auch äußern darf. Das haben wir schon als Kinder gelernt – und es begleitet uns auch heute. Aber so einfach ist das manchmal mit dem Wünschen gar nicht.

Davon weiß auch ein altes Märchen zu erzählen: Da kommt überraschend eine Fee zu einem älteren Ehepaar und eröffnet ihnen, dass sie drei Wünsche frei hätten. Sehr spontan sagt die Frau den Gedanken, den sie gerade im Kopf hatte, bevor die Fee kam: »Ach, ich hätte so gerne eine Bratwurst mit Kartoffelbrei!« – und, kaum hast du dich versehen, steht auch schon ein Teller mit der Wurst und dem Kartoffelbrei vor ihr.

Der Mann wütend darüber, wie die Frau den ersten Wunsch regelrecht verschleudert hat, sagt zornig und

wohl etwas unüberlegt: »Ach, würde dir doch die Wurst an der Nase hängen!« – und, kaum ausgesprochen, hängt die Wurst auch schon tatsächlich an der Nase seiner Frau. Den beiden bleibt nicht anderes übrig, als den dritten Wunsch dafür einzusetzen, die Wurst von der Nase wieder wegzuzaubern – und so haben sie ihre drei Wünsche leichtfertig vertan.

Dies ist eine Botschaft dieses und vieler anderer Märchen: Da kommt jemand, mitten in meinen Alltag hinein, und sagt: Du hast drei Wünsche frei. Gelegentlich brauche ich einen Anstoß, den »Kick« von außen, um mich überhaupt erst wieder auf die Kraft des Wünschens zurückzubesinnen.

Richtig wünschen zu können aber ist eine Kunst, die wir Erwachsenen oft verlernt haben. Und es würde sich lohnen, hier wieder einmal bei den Kindern in die Lehre zu gehen. Die können das noch: kraftvoll wünschen und sehnsüchtig hoffen, dass der Wunsch in Erfüllung geht. Wir Großen haben uns manchmal schon so mit dem Alltag und seinen Gegebenheiten arrangiert, dass wir gar nicht mehr auf die Idee kommen, uns noch etwas zu wünschen.

Man darf sich etwas wünschen – das ist zutiefst christlich und menschlich. Aber, und auch dies ist eine Botschaft dieses Märchens: Es gibt solche und solche Wünsche …

Sich etwas zu wünschen, das ist mehr als nur etwas zu benennen, was ich geschenkt bekommen möchte, das ist mehr als ein momentanes Bedürfnis zu stillen. Kraftvolle Wünsche kommen aus der Tiefe und entspringen einer Sehnsucht, die zugleich das Bild einer anderen Wirklichkeit zeigt.

Wenn ich solche Wünsche bei mir entdecken will, dann muss ich zunächst einmal auf mein Leben genauer hinschauen. Da gibt es Dunkelheiten, da sind Tränen und Leere, da ist Gebrochenheit, nicht gelebtes Leben. Indem ich mich diesen Dunkelheiten stelle, kann mir bewusst werden, unter welchem Mangel ich eigentlich wirklich leide … Jeder Wunsch erzählt damit gleichzeitig vom Dunkel in mir, von der daraus erwachsenden Sehnsucht und von einer anderen Wirklichkeit – und in dieser Spannung zwischen Realität und Vision kann das Leben wachsen …

Wünsche, die einer tiefen Sehnsucht entspringen, tragen Kraft in sich – und vielleicht ist deshalb in vielen Märchen die Zahl der Wünsche auf drei begrenzt: Es gilt, die

Kräfte zu zentrieren, sich nicht zu verzetteln, Ordnung in seine Wünsche zu bringen …

Zugegeben: Es mag sein, dass allein deshalb meine Wünsche noch lange nicht erfüllt werden, meine Träume nicht Wirklichkeit werden. Das mag schmerzen und vielleicht sogar dazu verführen, sich lieber gar nichts mehr zu wünschen als etwas, das dann nicht in Erfüllung geht. Es gibt Wünsche, die so unrealistisch sind, dass sie sozusagen überhaupt erst die Probleme verursachen. Vielleicht habe ich mir dann ein falsches Bild vor Augen gestellt: eine Beziehung, in der es keine Konflikte gibt; ein Leben ohne Sorgen und Probleme; eine Kirche, in der jeder jeden versteht. Erfüllt sich ein Wunsch auf Dauer nicht, so wäre eine Überprüfung meines Bildes sicher angebracht und hilfreich.

Zum anderen aber muss es wohl auch im Leben eines jeden Menschen Wünsche geben, die unerfüllt bleiben, um nicht in eine satte Zufriedenheit abzurutschen. Erst die Unerfülltheit treibt mich vorwärts, meine Sehnsucht ist Grund und Anlass, mich auf den Weg zu machen. Und käme diese Fee eines Tages einmal zu mir, so wüsste ich bereits meinen ersten Wunsch: nie wunschlos sein.

Andrea Schwarz

Wunschzettel

Ich wünsche mir:

❋ mehr Zeit für mich selbst

❋ weniger Pflichtgefühl

❋ mehr Spaß als »Ernst des Lebens«

❋ öfter mal zu lachen
meinen Humor nicht zu verlieren

❋ keine Angst mehr davor haben zu müssen,
nicht genügen zu können

❋ die Fähigkeit, den Augenblick genießen zu können,
statt immer planen zu müssen

❋ das Gefühl, nichts Wesentliches zu versäumen

❋ mich nicht mehr mit anderen messen zu müssen

- Zufriedenheit

- meine mir ins Herz geschriebene Lebensaufgabe entdecken und gestalten zu können

- Freundinnen und Freunde, die mich verstehen, die mich akzeptieren, mit allen meinen schwachen Seiten, und die dennoch – oder gerade deswegen – zu mir halten

- liebesfähig zu sein und zu bleiben

- selbst geliebt zu werden

- mein Vertrauen und meine Hoffnung nicht zu verlieren, was auch immer geschieht

- mit meinen Möglichkeiten etwas zu Frieden und Gerechtigkeit auf der Welt beitragen zu können

- mich mit den Menschen versöhnen zu dürfen, mit denen ich im Streit auseinander gegangen bin

- Vergebung zu erfahren von den Menschen,
  denen ich weh getan habe

- am Ende meines Lebens »Ja« sagen zu können zu dem,
  wie ich gelebt habe und was dadurch geworden ist

Christa Spilling-Nöker

Ein Herz voller guter Wünsche

Gib anderen die Hand mit einem Herzen
voller guter und ehrlicher Wünsche.
Hilf eine Welt zu schaffen, in der Platz ist
für ein Lächeln, für eine Blume, für ein Herz,
für ein Stückchen Himmel auf Erden.
Auf unserem großen Planeten
ist das Herz des Menschen
nur ein winziger Fleck.
Und doch: Hier kommt die Liebe zur Welt.

Phil Bosmans

6

Nikolaus

Das Geheimnis des Nikolaus

Der Nikolaustag gilt als Fest der Kinder. Doch bei aller Verfälschung, die dieser Heilige im Laufe der Zeit erfahren hat, wäre es wichtig, das eigentliche Geheimnis dieses Menschen zu erahnen … Nikolaus stellt den väterlichen Menschen dar, der zupackt, wenn Menschen in Not sind, der Mitleid hat, der unauffällig hilft. Er gilt in vielen Gegenden als einer, den man in seiner persönlichen Not ansprechen kann.

Wenn wir die Legenden anschauen, die sich um seine Person ranken, so haben sie alle eine tiefe Bedeutung für unser Leben. Als Nikolaus erfährt, dass ein verarmter Nachbar seine drei Töchter in ein Bordell verkaufen will, wirft er dreimal hintereinander einen Klumpen Gold durchs Fenster, damit jede Tochter eine ausreichende Mitgift für die Heirat hat. Er spürt, welche Not es für einen

Vater bedeutet, seine Töchter zu benutzen, damit er selbst überleben kann. Er greift ein, damit die Töchter ihren Weg gehen können und nicht mehr vom Vater für die eigenen Zwecke eingesetzt werden. Gegenüber dem negativen Vaterbild stellt Nikolaus das Bild des Vaters dar, der seine Kinder freilässt, der ihnen ermöglicht, der eigenen Sehnsucht zu folgen.

Eine Frau eilte zur Kirche, um sich von dem Gerücht zu überzeugen, dass Nikolaus zum Bischof gewählt worden sei. Als sie wieder nach Hause kam, fand sie das Kind, das dem Herd zu nahe gekommen war, völlig verbrannt. Sie trägt es zu Nikolaus. Der segnet es. Und es wird wieder gesund. Hier ist es die Mutter, die ihr Kind vernachlässigt, weil ihr die Neugier wichtiger ist. Sie ist so sehr mit sich beschäftigt, dass sie ihr Kind vergisst. Nikolaus vertritt als väterlicher Mensch hier auch die Mutter, er hat auch mütterliche Züge. Er schafft ein Klima, in dem Kinder heil werden können.

Nikolaus tritt für drei unschuldige Bürger ein. Er entreißt dem Henker das Schwert und verlangt von dem Richter, er solle die Gründe der Verurteilung bekannt geben. Der Richter kniet zitternd nieder und bekennt seine

✷

Schuld. Ähnlich tritt der Bischof für drei Hauptleute des Kaisers ein. Er ist der gerechte Mensch. Er kann nicht mit ansehen, wenn Menschen unschuldig verurteilt werden. Er ist der Vater, der jedem seiner Kinder gerecht wird, indem er jedem Recht verschafft, damit er richtig leben kann.

Wenn du dich selbst im Licht dieser Legenden anschaust, kannst du dich fragen, wo du deine Kinder oder Freunde für dich benutzt und wo du sie freilässt, wo du deine väterliche oder mütterliche Seite vernachlässigst. Und Nikolaus will dir Mut machen, zu deinen väterlichen und mütterlichen Seiten zu stehen. In dir ist das archetypische Bild des Vaters, der andern den Rücken stärkt und sie zum Leben ermutigt. In dir ist das Bild der Mutter, die andern Geborgenheit und Heimat schenkt, die sie nährt und ihre Wunden heilt. Und in dir ist der lautere und gerechte Mensch, der einen Blick hat für die Not anderer. Der Brauch, am Nikolaustag andere Menschen mit Süßigkeiten zu beschenken, ist durchaus sinnvoll. Schau nicht nur auf dich, sondern auch auf die, die unter der Bitterkeit ihres Lebens leiden. Vielleicht weckt Nikolaus in dir die Fantasie, wie du ihr Leben versüßen kannst.

Anselm Grün

Am St. Nikolaustag …

… die Kraft des Teilens erfahren
die Angst überwinden zu kurz zu kommen
einander bestärken im Vertrauen
als teilende Menschen glücklicher zu werden

… Gottes lachenden Segen erfahren
im Genießen der Nüsse und Süßigkeiten
im Aussprechen von Anerkennung
einander ermutigen in der Zuversicht
als teilende Menschen sinnerfüllter zu werden

… die heilende Kraft in sich spüren
Hand anlegen für eine kinderfreundlichere Welt
im Widerstand für ein gerechteres Zusammensein
einander anstiften in der Hoffung
als teilende Menschen lebensfroher zu werden.

Pierre Stutz

7

Dunkelheit

Es braucht seine Zeit

In der Nacht hatte ich schlecht geschlafen, die Spannung, die das Seminar mit sich brachte, wirkte sich bis in den Schlaf aus. Jede Stunde wachte ich auf, schaute auf die Uhr, draußen war es stockdunkel, noch immer nicht Morgen! – um mich seufzend wieder umzudrehen, die Bettdecke über den Kopf ziehend.

Als ich wieder einmal aufwachte und zum Fenster hinausschaute, war alles ein wenig anders: Plötzlich erkannte ich schemenhaft die kahlen, dunklen Zweige eines Baumes vor dem Hintergrund der Nacht ... Ganz, ganz langsam wich das Dunkel einer grauen Dämmerung, die heller und heller wurde. Die Konturen der Berge zeichneten sich am Horizont ab, ich entdeckte den Wald, konnte das Nachbarhaus ahnen. Und auf einmal, fast nicht wahrnehmbar, ein leicht rötlicher Ton am Himmel, an Stärke zunehmend,

langsam, ganz langsam – es schien, als ob das Licht die Dunkelheit Millimeter für Millimeter zurückdrängte, die Nacht nur widerwillig dem Tage wich. Rot und röter wurde der Himmel, die Berge schienen schwarz gegen den Horizont, in den Tälern lag weiß der Nebel. Ich sah gebannt zu – es war für mich eine sehr stille halbe Stunde in diesem Tagungshaus mitten im Hunsrück. Es sollte noch eine gute Weile dauern, bis der goldene Ball der Sonne wiederum fast unmerklich Stück für Stück über dem Horizont erschien – da saßen wir dann schon beim Frühstück.

Ich blieb nachdenklich an diesem Tag. Ich hatte in letzter Zeit viel Dunkel erlebt und durchlitten – und irgendwie wartete ich immer darauf, dass plötzlich ein Licht angeht und alles Dunkel mit einem Schlag vertreibt. Dieser Morgen lehrte mich, dass künstliche Lichter plötzlich angehen, aber die Lichter des Lebens nur allmählich aufgehen. In unseren Breiten wird aus der Nacht nicht schlagartig Tag, sondern es braucht seine Zeit, bis aus dem Dunkel Hell wird. Zwischen beiden Extremen gibt es unzählig viele graue Zwischentöne, in denen sich das Kommen des Tages ankündigt. Dies gilt umgekehrt genauso: Der Tag weicht nur allmählich der Nacht.

*

Könnte es sein, dass ich vor lauter Warten auf das Licht die Grautöne übersehen habe, die doch zugleich das Licht schon ankündigen? Glaube ich möglicherweise, noch immer im tiefsten Dunkel zu sitzen, obwohl sich doch schon Bäume, Häuser, Menschen schemenhaft in der Dämmerung abzeichnen?

Es gibt einen Übergang zwischen Nacht und Tag, zwischen Dunkel und Licht, der sich nur millimeterweise, fast unmerklich, vollzieht – und den ich selbst möglicherweise gar nicht wahrnehme.

Plötzlich war ich aufmerksam geworden auf dieses Geschehen, wie es Tag wird, auf ein Geschehen, das ich sicher in meinem Leben wohl schon Dutzende Male gesehen und beobachtet habe. An diesem Morgen aber hatte der Sonnenaufgang seine ganz eigene Botschaft für mich.

Es braucht seine Zeit, bis es Tag wird – und die Schritte dorthin vollziehen sich fast so unmerklich, dass ich es gar nicht wahrnehme. Die Nacht braucht Zeit, um zum Tag zu werden, das Dunkel wird nur langsam hell. Dafür braucht es seine Zeit – und für diese Botschaft war es an diesem Morgen an der Zeit.

Andrea Schwarz

Die Zeit der Dunkelheit

Neues Leben entsteht in der Dunkelheit. Neues Leben richtet sich auf das Licht aus. Wir können der Kraft der Dunkelheit mehr trauen, sie ist ein Schonraum für das Wachstum. Wesentliches kann sich ereignen im Dunkeln – im Bauch des Fisches etwa, wie die biblische Jonageschichte zeigt. Jona erkennt erst durch sein Geworfensein in die Dunkelheit der Tiefe sein wahres Selbst, seine Lebensaufgabe. Wohltuend ist für mich beim Lesen dieser Geschichte die Erkenntnis, dass dieser innere Geburtsprozess einfach geschieht, wenn die Zeit reif ist. Meine Aufgabe ist, mich trotz Angst und Verunsicherung diesem Lebenslauf nicht entgegenzustellen. Vom hellen Chicoréegemüse lerne ich, dass nur im Dunkeln kraftvolle weiße Blätter wachsen und reifen können. Die Wurzeln, die meist wie abgestorben aussehen, werden in einer Dunkelkammer ins Wasser gelegt. Wenn ich nach einer langen Wartezeit die Türe öffne, dann bin ich jedes Jahr zutiefst erstaunt über dieses große Wunder des Wachstums, das im Dunkeln geschieht. Es wird mir zur Lebenshilfe, um dunkle Zeiten, Erfahrungen des so genannten Stillstandes,

in einem anderen Licht zu sehen. Wenn wir lebendig bleiben wollen, dann werden wir immer wieder dunkle Zeiten erfahren, in denen so viel Neues wachsen kann. Auch auf einem intensiven spirituellen Weg kann ich der »dunklen Nacht der Seele« nicht ausweichen, wie sie der Mystiker *Johannes vom Kreuz* beschreibt.

Denn der Zugang zu dem, was ich wirklich brauche und wirklich kann, kann sich mir manchmal erst durch eine Krise, ein Zurückgeworfensein auf mich selber, auch auf meine Schattenseiten, neu eröffnen. Neues Leben sehnt sich immer nach Licht, darum werden in allen Religionen während der zunehmenden Dunkelheit Lichtfeste gefeiert, wie das hinduistische Divali, das jüdische Lichtfest Chanukka oder die christlichen Lichtfeiern in der Advents- und Weihnachtszeit.

Pierre Stutz

8

Sehnsucht

Heimweh nach dem Paradies

Sich auf Weihnachten vorzubereiten heißt: in Stille und Nachdenklichkeit eintreten in den Traum Gottes. Gott träumte von einer Erde, als sie noch ein Paradies war, von der Zeit, bevor Kain seinen Bruder Abel erschlug …

Gott träumte von einer Welt, in der Menschen wie wahre Geschwister leben: miteinander, eine große Familie, keine Armen und keine Unterdrückten mehr, keine Verfolgten und keine Flüchtlinge mehr, keine Einsamen mehr. Der Traum Gottes war ein fantastischer Traum, aber er wurde von Menschen zerschlagen. Und dennoch hat Gott in jedes Menschenherz das Heimweh nach dem verlorenen Paradies gelegt, das Heimweh nach etwas Glück auf Erden, um seinen Traum zu verwirklichen und das Antlitz seiner Schöpfung zu erneuern.

Phil Bosmans

Sehnsuchts-Zeichen

Für die meisten Menschen ist der Advent einfach die Zeit vor Weihnachten. Das sind die Wochen vom ersten Adventssonntag bis zum Heiligabend, eine Zeit mit Plätzchen und Einkaufen und Stress und Weihnachtspost und Adventskranz und »Wir sagen euch an« und und und …

Stimmt – und doch ist Advent mehr als eine Zeit, mehr als die Wochen vor Weihnachten. Advent – das ist eine Einstellung zum Leben, eine Haltung, und die gilt 365 Tage im Jahr.

Das ist sehnsüchtig sein nach mehr Leben und Lebendigkeit, das ist Ausschau halten nach dem, was mehr als alles ist.

Advent – das ist staunen können. Das ist wach sein, hellwach – und hinschauen, hinschauen auf mein Leben, auf diese Welt.

Das ist warten und lauschen, ob sich irgendwas tut.

Das ist suchen und sich auf den Weg machen.

Das ist mitten im Dunkel den Stern sehen und ihm trauen.

Das ist träumen und wünschen, hoffen und sehnen.

Das ist, sich nicht zufrieden geben mit dem, was ist – sondern sich ausstrecken nach dem, was noch nicht ist – aber was sein könnte …

Dumm wären wir, diese Sehnsucht nach Leben auf einige Wochen im Jahr zu begrenzen, die zudem noch oft genug geprägt sind von Umtrieb und Hektik. Adventlich leben – 365 Tage im Jahr.

Und doch geht uns immer wieder diese Sehnsucht im Alltag verloren – und deshalb brauchen wir die Zeichen, die Texte der Gottesdienste, das Licht der Kerzen, die Lieder des Advents, um uns zu erinnern – an das, was sein könnte. Wir brauchen den Advent, um adventlich leben zu lernen – 365 Tage im Jahr. Wir brauchen diese Tage, wir brauchen die Lieder, wir brauchen die Zeichen, um uns neu einzuüben in diese Haltung – um Himmel und Erde miteinander zu verbinden.

Andrea Schwarz

Ein Lied der Sehnsucht

Da sagte Maria:

Hochpreist meine Seele den Herrn / und mein Geist jubelt über Gott, meinen Retter.
Denn er hat geschaut auf die Erniedrigung seiner Magd. / Siehe, von nun an preisen mich selig alle Geschlechter.
Denn Großes hat an mir getan der Mächtige / und heilig ist sein Name.
Seine Barmherzigkeit währt von Geschlecht zu Geschlecht / allen, die ihn fürchten.
Er hat Machttaten vollbracht mit seinem Arm, / er zerstreut, die im Herzen voll Hochmut sind.
Gewaltige hat er vom Thron gestürzt / und Niedrige erhöht.
Hungrige hat er erfüllt mit Gütern / und Reiche leer davongeschickt.
Angenommen hat er sich Israels, seines Knechtes, / eingedenk seiner Barmherzigkeit,
wie er gesprochen hat zu Abraham und Sara / und ihren Nachkommen in Ewigkeit.

Maria blieb nicht alleine mit ihrer Sehnsucht. Sie machte sich auf den Weg durch das Gebirge, um ihre Sehnsucht mit Elisabet zu teilen. Als Frau, die unter schwierigen Umständen schwanger ist und in einer schwierigen Zeit des Umbruchs lebt, sucht sie jemanden, mit dem sie ihre Fragen teilen kann … Ihr Sehnsuchtslied, das Magnifikat (Lukasevangelium 1,46–55), erzählt von der Kraft, die Solidaritätsbegegnungen erwecken können. Maria geht gestärkt aus dieser Begegnung hervor und stärkt mit ihrem Lied andere, ihre Sehnsucht zu entfalten.

Maria steht mit beiden Füßen auf dem Boden
sie traut ihrer Stimme
singt voller Lebenskraft ihr Lied

Maria bleibt nicht alleine mit ihrer Sehnsucht
sie begegnet Elisabet um verbindende Fragen
auszuhalten und zu gestalten

Maria nimmt ihren Standpunkt voll und ganz ein
keine billigen Kompromisse
sondern ein Plädoyer für echte Menschlichkeit

Maria atmet tief durch
damit Freundin Geist durch sie atmen kann
als Ermutigung auch Missstände zu benennen

Maria hält ihre Sehnsucht nicht zurück
sie ist ganz bei sich und erzählt
vom unerwarteten Entgegenkommen Gottes

Maria spürt die Ermächtigung
einseitige Macht zu hinterfragen
um die Armen an ihre einmalige Würde zu erinnern

Maria durchbricht die Tagesordnung
ermutigt zum Aufstand für das Leben
weil sie der Macht der Ohnmächtigen traut

Maria schöpft aus ihrer inneren Quelle
um daraus Widerstand zu wagen
für eine Welt
die allen Menschen Brot und Rosen ermöglicht

Maria nährt ihre Erinnerung
an den Sehnsuchtsaufbruch von Sara und Abraham
und Mirjam und Mose
und sie spürt ihre Lebenskraft

Maria singt ihr Lied
von einem zärtlichen Gott
der nicht aufgibt mit uns zu träumen
vom menschenwürdigen Miteinander
in allen Kontinenten

Pierre Stutz

In Berührung mit mir selbst

»Was ist deine tiefste Sehnsucht?« Ich kann diese Frage nicht immer sofort beantworten. Aber wenn ich mich dieser Frage stelle, dann fällt alles krampfhafte Suchen, mich selber besser zu machen, weg. Vieles, was mir sonst Kopfzerbrechen bereitet, wird unwichtig. Ich komme in Berührung mit mir selbst, mit meinem Herzen, mit meiner eigenen Berufung. Wer bin ich eigentlich? … Was erfüllt mir meine Sehnsucht? Die Frage nach meiner tiefsten Sehnsucht führt mich letztlich nicht nur zu Gott, sondern auch zu meiner urpersönlichen Antwort auf Gottes Sehnsucht nach mir. Auch Gott sehnt sich nach mir, sagen die Mystiker. *Mechthild von Magdeburg* spricht Gott an: »O du brennender Gott in deiner Sehnsucht!« Gott sehnt sich danach, den Menschen zu lieben. Wenn ich mich nach meiner tiefsten Sehnsucht frage, dann entdecke ich, wie ich auf seine Sehnsucht nach mir, wie ich auf seine Liebe zu mir antworten möchte.

Anselm Grün

9

Licht

Das andere Licht

Es war an einem Adventswochenende: In einem Besinnungshaus leitete ich ein Besinnungswochenende für Theologiestudenten und –studentinnen. Während einer Kleingruppenarbeit schlenderte ich ein wenig durch das Tagungshaus.

Aus einem Saal erklang plötzlich das Lied: »Ein Licht leuchtet auf in der Dunkelheit.« Ich wusste, dass außer unserem Besinnungswochenende an diesem Tag eine Adventsfeier für blinde Menschen stattfand. Neugierig blieb ich stehen – ob es die Blinden waren, die dieses Lied sangen?

Nach der ersten Strophe wurde es ruhig, dann sprach eine Frau laut den Text der zweiten Strophe vor – und wieder setzte der Gesang ein: »Ein Licht leuchtet auf in der Dunkelheit.« Jemand öffnete die Tür und verließ den

Raum, in dem die Blinden feierten, und ich sah brennende Kerzen auf den Tischen stehen.

Ich wurde plötzlich nachdenklich. Da waren Menschen, die wortwörtlich in der Dunkelheit sind, ohne Hoffnung, jemals wieder das Licht zu sehen. Und da sangen sie ein Lied von dem Licht, das in die Dunkelheit kommt.

Was mochte ein solcher Text, dieses Lied für diese Menschen bedeuten? Welches Licht ist gemeint? Wie sieht das Licht für einen Menschen aus, der nicht sehen kann? Vielleicht ist es mit diesem Licht so wie mit den brennenden Kerzen, die vor den Blinden standen: Auch deren Licht konnten sie nicht sehen, aber sie wissen, dass es brennt – und wenn sie sich behutsam diesem Licht nähern, dann spüren sie seine Wärme, hören vielleicht ein leises Knistern, wenn die Flamme im Wind flackert. Ich muss das Licht nicht sehen können – aber ich muss das Vertrauen haben, dass es dieses Licht gibt.

Von diesen Menschen habe ich eine neue Art des Vertrauens gelernt. Ein Licht leuchtet auf in der Dunkelheit – das Licht leuchtet auf, auch wenn ich es vielleicht nicht sehen kann, noch nicht sehen kann.

Andrea Schwarz

Im Licht der Kerzen

In der Adventszeit setzen wir uns gerne vor eine brennende Kerze, um in ihrem Licht Ruhe zu finden. Seit je haben Kerzen eine besondere Anziehungskraft auf Menschen ausgeübt. Das Kerzenlicht ist ein mildes Licht. Gegenüber der grellen Neonbeleuchtung erhellt die Kerze unseren Raum nur teilweise. Sie lässt manches im Dunkel. Und das Licht ist warm und angenehm. Die Kerze ist keine funktionelle Lichtquelle, die alles gleichmäßig ausleuchten muss. Vielmehr spendet sie ein Licht, das von vornherein die Qualität des Geheimnisvollen, des Warmen, des Liebevollen in sich birgt. Im Kerzenlicht kann man sich selbst anschauen. Da sehe ich mit meinem milden Auge auf meine oft so harte Realität. In diesem zarten Licht wage ich es, mich wahrzunehmen und mich Gott hinzuhalten. Da kann ich mich selbst annehmen.

Das Licht der Kerze erhellt nicht nur, es wärmt auch. Es bringt mit der Wärme Liebe in dein Zimmer. Es erfüllt dein Herz mit einer Liebe, die tiefer und geheimnisvoller ist als die Liebe der Menschen, mit denen du dich verbunden weißt. Es ist eine Liebe, die aus einer göttlichen Quelle strömt, eine Liebe, die nie versiegt, die nicht so brüchig ist wie die Liebe zwischen uns Menschen. Wenn du dieses Licht in dein Herz dringen lässt, dann kannst du dir vorstellen, dass du ganz und gar geliebt bist, dass die Liebe alles in dir liebenswert macht. Es ist letztlich Gottes Liebe, die dir da entgegenleuchtet.

Das Licht der Kerze entsteht, indem das Wachs verbrennt. Das ist ein Bild für eine Liebe, die sich verzehrt. Sie kann das tun, weil genügend Wachs vorhanden ist. Sie braucht nicht zu sparen. Aber manchmal muss man den Docht zurechtschneiden, sonst wird die Flamme zu hoch und rußt das Zimmer ein. So gibt es auch eine Liebe, die zu laut ist, in der du dich verausgabst. Sie tut dann nicht nur dir, sondern auch dem anderen nicht gut. Er spürt den Ruß in der Liebe, die Nebenabsichten, das zu sehr Gewollte und Gemachte, das den anderen nicht erhellt, sondern eher verdunkelt.

Die Kerze besteht aus zwei Elementen: aus der Flamme, die das Geistige symbolisiert, da sie zum Himmel emporsteigt. Das zweite Element der Kerze ist das Wachs, das verzehrt wird. Für die frühe Kirche war daher die Kerze ein Symbol für Christus, der zugleich Gott und Mensch ist.

Das Wachs ist das Bild für seine menschliche Natur, die er aus Liebe für uns hingab; und die Flamme steht für seine Göttlichkeit. So erinnern uns die Kerzen, die wir im Advent und an Weihnachten anzünden, an das Geheimnis der Menschwerdung Gottes in Jesus Christus.

In der Kerze ist Christus selbst mitten unter uns. Und es ist Christus, der mit seinem Licht unser Haus und unser Herz erhellt und es mit seiner Liebe erwärmt. So ist die Kerze auch ein Geheimnis unserer eigenen Menschwerdung. In unserem Leib möchte Gottes Licht in dieser Welt aufstrahlen. Seit der Geburt Jesu in der Nacht unserer Welt leuchtet Gottes Licht in jedem menschlichen Antlitz auf.

Anselm Grün

Lichter im Fluss

Das alljährlich wiederkehrende Weihnachtsfest behält die innere Bewegung, wenn wir nicht den ganzen Abend lang sitzen bleiben (was oft anstrengend ist!), sondern uns äußerlich und innerlich auf den Weg nach Betlehem machen.

Christus als innere Quelle, als fließenden Brunnen zu erleben wird sinnfällig, indem wir zu einem Brunnen gehen oder einem Teich, Bach oder Fluss und ein Teelicht oder eine Schwimmkerze ins Wasser legen – mit einem Wunsch, einem Dank, einer Bitte als Ausdruck unserer Sehnsucht.

Dieser Weihnachtsweg kann durch das Basteln einer Laterne oder von halben Nussschalen, gefüllt mit Wachs, die als Hoffnungsschiffe ins Wasser gelegt werden, vorbereitet werden.

Gerade in schwierigen und spannungsreichen Stunden unseres Lebens, rund um die Scheidung eines Paares, die unheilbare Krankheit eines Menschen, den Verlust des Arbeitsplatzes, die Depression eines Familienmitglieds, die Trauerzeit durch den Tod eines Menschen, ist es heilsam, in den Weihnachtstagen die Sehnsucht nach Licht im

Unterwegssein und im Einbezug der vier Elemente Wasser, Feuer, Erde, Luft zu feiern.

Unterwegs in der Nacht
still werden
auch wenn es anfangs schwerfällt …

Unterwegs in der Nacht
dem Advent Gottes in der Schöpfung begegnen
himmelwärts staunend die Sterne betrachten
die von der Verbundenheit mit allem erzählen …

Unterwegs in der Nacht
Schritt für Schritt gehen
alleine und doch miteinander …

Pierre Stutz

10

Traum

Weisung im Traum

Der Weihnachtsengel erscheint im Matthäusevangelium dem Josef im Traum. Josef versteht nicht, was mit seiner Verlobten Maria geschehen ist. Sie ist schwanger, aber nicht von ihm. Wenn Josef dem Gesetz Genüge leisten wollte, dann müsste er sie vor Gericht bringen. Das würde ihren sicheren Tod bedeuten. Sie würde gesteinigt werden. Doch Josef ist gerecht. Er will nicht das Gesetz erfüllen, sondern seiner Verlobten gerecht werden. So überlegt er sich, dass er sie heimlich entlassen wolle. Doch da erscheint ihm ein Engel des Herrn im Traum und spricht ihn an: »Josef, Sohn Davids, fürchte dich nicht, Maria als deine Frau zu dir zu nehmen; denn das Kind, das sie erwartet, ist vom Heiligen Geist« (Matthäus 1,20).

Der Engel deutet das Geschehen, das der Verstand nicht verstehen kann. Er zeigt Josef die eigentliche Wirklichkeit.

Und der Engel fordert Josef dazu auf, Maria nicht zu entlassen, sondern zu sich zu nehmen. Der Engel verlangt Gehorsam. »Als Josef erwachte, tat er, was der Engel des Herrn ihm befohlen hatte« (Matthäus 1,24). Immer wieder wird der Engel dem Josef im Traum erscheinen. Und Josef wird genau das tun, was ihm der Engel sagt, bis der Sohn Mariens stark genug ist, so dass ihm niemand mehr nach dem Leben trachten kann.

Gott schickt auch uns immer wieder seinen Engel, damit er uns im Traum zeigt, wie unser Weg weitergeht. Der Traumengel erscheint uns vor allem immer dann, wenn in uns etwas Neues entsteht, wenn wir dabei sind, dem ursprünglichen Traum Gottes näher zu kommen. Dann träumen wir von Kindern. Aber manchmal vernachlässigen wir die Kinder im Traum. Wir gehen nicht achtsam mit ihnen um. Der Engel verheißt uns im Kind, dass wir in Berührung kommen mit dem ursprünglichen Bild, das Gott sich von uns erträumt hat. Und er mahnt uns, sorgfältiger mit diesem Kind in uns umzugehen, dafür zu sorgen, dass kein Herodes ihm mehr nachstellt, es zu hegen und zu nähren, bis es sich in uns verwirklicht und keine äußere Macht uns von diesem inneren Kind mehr zu trennen vermag. Damit

das göttliche Kind in uns geboren werden kann, braucht es den Traumengel und unseren Gehorsam. Dann wird das, was der Engel uns verheißt, in uns Fleisch werden und unser Leben prägen …

Weihnachten will dich einladen, deinen Träumen aufs Neue zu trauen. Träume sind nicht nur Schäume. Sie zeigen dir, was wirklich in dir geschieht. Auch in dir geschieht die Geburt des Kindes aus der Jungfrau. In deiner Seele liegt so viel Unberührtes bereit, dass Gott es allein durch sein Wort im Traum zum Leben erwecken kann. Gott selbst schafft in dir etwas Neues … Das ursprüngliche Bild, das Gott sich in deiner Geburt von dir gemacht hat, strahlt mitten in der Nacht deines Lebens so hell auf wie ein Stern. Du bist etwas Einmaliges und Besonderes. Auch in dir geschieht das Wunder der Weihnacht. Dein Stall wird zu einem Ort der Anbetung, deine Nacht zum helllichten Tag. Deine Angst wird in Vertrauen verwandelt, deine Kälte in Liebe.

»Da wir in Ehrfurcht das Erscheinen unseres Erlösers begehen, zeigt es sich, dass wir unseren eigenen Anfang feiern« (Leo der Große).

Anselm Grün

Gesegnete Träume

Mögen die Engel
dein Bitten und Flehen erhören
und dir in deinen Traumbildern
Antworten auf deine zahllosen Fragen
aufleuchten lassen,
damit du wieder eine klare Richtung
vor dir sehen kannst,
um den kommenden Tag
beherzt und mutig
zu beginnen und zu bestehen.
Schenke dem Engel in deiner Seele
die Gelegenheit,
seine Flügel weit auszuspannen,
damit er dich aus dem,
was dich einengt und lähmt,
befreien und erlösen kann,
um dich hinüberzutragen in das Land,
in dem dein Leben satt wird an Segen.

Christa Spilling-Nöker

Zeit der Träume

Schnee, Sonne und ein klarer blauer Himmel über einer besonders schönen Gegend: Das erfahren wir als Traumlandschaft ... Wie in einem schönen Traum erscheint uns alles viel näher, viel greifbarer, und wir fühlen uns leicht und eins mit Schöpfung und Kosmos. Unsere Träume sind wichtige spirituelle Begleiter. Sie zeigen uns schöpfungszentrierte Urbilder – wie wir sie etwa auch in der Weisheit der Kelten entdecken können. Die keltische Welt ist voller Unmittelbarkeit und Zugehörigkeit, sie kennt keinen Dualismus. *John O'Donohue* erzählt von der lebensnotwendigen Einheit von Körper-Geist-Seele, die wir auch in unseren Träumen immer wieder klar entdecken können: »Wir sollten diesen verfehlten Dualismus«, der die Seele vom Körper scheidet, vermeiden. Die Seele ist nicht einfach im Körper verborgen in irgendeinem versteckten Winkel. In Wahrheit verhält es sich genau umgekehrt: Der Körper ist in der Seele, und die Seele durchdringt ihn vollständig. Deshalb ist jeder von einem geheimen herrlichen Seelenlicht umgeben ... Unser Körper kennt uns sehr gut. Er ist unseres ganzen geistig-seelischen Lebens gewahr.«

Welch eine befreiende Lebenseinstellung! Unser Körper ist in der Seele, in Gott immer schon aufgehoben. Von dieser Hoffnung spricht auch ein Vers in der biblischen Apostelgeschichte: »In ihm leben wir, bewegen wir uns und sind wir« (Apostelgeschichte 17,28).

Träume können uns auf diese ursprüngliche Verbundenheit hinweisen. Manchmal tun sie das auch durch schreckliche Bilder. Sie zeigen uns unverarbeitete Erfahrungen, die wir nochmals anschauen müssen, um echte Heilung und Versöhnung zu erfahren. Sie konfrontieren uns mit unseren destruktiven Seiten, mit Gewalt und Angst. Sie zeigen uns Todesbilder, damit wir anders im Leben und Sterben stehen. Die zwölf heiligen Nächte zwischen dem 25. Dezember und dem 6. Januar laden uns ein, besonders auf unsere Träume zu achten. Auch für die Kelten waren die zwölf Nächte nach der Sonnwende besonders bedeutsam. Bei den Germanen galten sie als heilig, sie wurden auch Rau- oder Rauch-Nächte genannt. Das Wort *rau* erinnert an die bösen Geister, die man ausräucherte. So gehen bis heute Menschen am 24. Dezember, am 31. Dezember und am 6. Januar mit Weihrauch durch ihre Häuser und Wohnungen, um Vergangenes loszulassen und das Neue segnend zu

empfangen. Träume können uns dabei eine Hilfe sein, weil sie unverarbeitetes Dunkel nochmals ans Licht holen, damit es verwandelt werden kann und wir unbelasteter ins neue Jahr hineingehen können.

In vielen biblischen Erzählungen lernen die Menschen durch ihre Träume, wohin sie der Weg führt, was ihr Leben behindert, wo Gefahr droht und wie sie neue Lebensperspektiven finden können.

Es lohnt sich die eigenen Träume vertrauensvoll aufzuschreiben und sie auch vertrauensvoll mitzuteilen. In diesem Austausch können Menschen einander besser kennen lernen und mit der Vielfalt des Lebens offen und kraftvoll umgehen.

Pierre Stutz

11

Hoffnung

Vom Engel der Hoffnung

Es ist Gnade, wenn der Engel der Hoffnung, unmerklich fast, unsere Räume betritt, unsere Seele zart berührt und unsere Dunkelheiten ganz behutsam erhellt, vor allem dann, wenn wir weder aus noch ein wissen und schon gar nicht mehr auf eine Veränderung unserer Situation zu hoffen wagen. Vielleicht haben Selbstmitleid oder Verbitterung uns blind gemacht für die Hoffnungsschimmer, die uns immer wieder am Horizont aufleuchten. Wenn wir aufmerksam sind, sammeln sie sich zu einer kleinen Lichtquelle, die ausreicht, um wieder aufzustehen und uns neu zu orientieren.

Mit ein wenig Geduld werden wir dann einen Weg für uns ausmachen, auf dem wir uns dem Leben neu und mit einem Herzen voller Zuversicht stellen können.

Christa Spilling-Nöker

Hoffnungsfunken

»Wie können wir Weihnachten glaubwürdig feiern?«, fragen sich viele Menschen zu Recht. Wie lässt sich, Jahr für Jahr, Tag für Tag konkret vom Erscheinen der Menschenfreundlichkeit Gottes erzählen? … Meine, unsere Fragen wach zu halten, ohne daran zu zerbrechen, gelingt mir allerdings nur, wenn ich mich wie die Hirtinnen und Hirten auf den Weg mache, sogar durch die Unsicherheit der Nacht hindurch, um Ausschau zu halten nach einer erweiterten Sicht der Wirklichkeit, um hinter die Dinge zu sehen, um mich als Teil der Schöpfung und des Kosmos zu erfahren, um die solidarische Kraft der Beziehungen zu erfahren, die meine Hoffnung wirklich nähren lassen.

Diese Suche führt mich zu meinem Erstaunen zu einem Kind, das mich ermutigt, im Kleinen, Unscheinbaren das Wunderbare, Kostbare zu entdecken, das mich mit allem verbindet. Da entdecke ich in unserer biblisch-mystischen Tradition, dass das göttliche Kind auch in mir geboren wird als tiefer Hoffnungsfunke …

Meister Eckhart spricht von dieser tiefen Kraft im wundervollen Bild des Seelenfünkleins: »Und es gibt eine Kraft

in der Seele, die spaltet das Gröbste ab und wird mit Gott vereint: Das ist das Fünklein der Seele.« Es gibt eine göttlich-heilende Kraft, die unaufhaltsam wirkt als Hoffnungsfunke in allen persönlichen, politisch-sozialen und ökonomischen Zusammenhängen. Sie wahrzunehmen und zu verstärken ist unser aller Aufgabe. Realistischerweise spricht der Mystiker nicht nur von dieser Seinsverbundenheit, sondern auch vom »Gröbsten, das abgespaltet wird«. Ich verstehe diese Aussage nicht im psychologischen Sinn der Abspaltung, in dem ich destruktive Teile von mir nicht integrieren will und dadurch verdränge, bekämpfe, abspalte. Ich sehe darin vielmehr die nüchterne Annahme und Aufgabe, durch Ungereimtes und Schmerzvolles, sogar durch Fehler und Scheitern hindurchzugehen, damit sie verwandelt werden können.

Kein Mensch, keine Generation kommt um diese Prozesse herum. Dabei verliere ich die Hoffnung nicht, dass wir aus unserer Geschichte lernen können. Wir tun es auch. Doch ich versuche, täglich anzunehmen, dass jede und jeder durch gewisse Lebenserfahrungen hindurch muss. Um mich in dieser Spannung nicht zu verlieren, brauche ich den Zugang zu diesem heiligen Winkel in mir,

zum Seelenfünklein, das reinigt und klärt und mich neu auf das Wesentliche ausrichtet: die Geburt Gottes, die sich befreiend-schmerzvoll ereignet im Hier und Jetzt.

Hoffnungsfunken
bestärken in dir das Vertrauen
in das Gute im Menschen
ohne dadurch die Ungerechtigkeit
und die Eskalation der Gewalt zu verharmlosen
sondern um den Traum Gottes
von einer gerechteren und zärtlicheren Welt
mehr Wirklichkeit werden zu lassen:
Weihnachten hier und jetzt

Pierre Stutz

Wer im Geheimnis wohnt

Dass Gott ein Mensch wird, ja, ein Kind in der Krippe – das ist ein Geheimnis unseres Glaubens. Es ist ein Geheimnis, vor dem wir Menschen staunend stehen können, staunend wie Maria und Josef, die Hirten, die Weisen aus dem Morgenland – staunend wie ein kleines Kind unter dem Weihnachtsbaum.

»Die Linie des Lebens Jesu: ein großes Geheimnis. Probleme gilt es zu lösen, soweit das möglich ist. Geheimnisse soll man ja nicht auflösen wollen, denn dann ginge etwas Kostbares verloren. Geheimnisse braucht man, um darin zu wohnen. Die Wurzel des Wortes ›Geheimnis‹ ist ja ›heim‹. In Geheimnissen sind wir beheimatet. Ein armer Mensch, der keine Geheimnisse hat. Er ist auf eine tiefe Weise heimatlos« (Piet van Bremen).

Es bleibt etwas Geheimnisvolles um dieses Fest, ein ganz bestimmter Zauber. Er verzaubert die Kinderherzen, er schleicht sich zwischen die E-Mails der Computer und die Kurzmitteilungen auf dem Handy, er löst für ein paar Stunden, vielleicht auch nur für einen Augenblick lang, die Erstarrung des harten Gesichtes, des kalten Herzens.

✷

In den Stunden der Weihnacht spiegelt sich das Licht der Kerzen in dunklen Augen, finden aufgescheuchte Herzen ein wenig Ruhe und Hoffnung, wollen Geschenke sagen: »Ich will dir gut!« Man erinnert sich an die eigenen Tage der Kindheit – und hat ein wenig Heimweh … nach Zuhause. Oder ist es vielleicht doch auch ein wenig Heimweh nach dem Geheimnis unseres Lebens? …

Das Geheimnis unseres Gottes, das Geheimnis der Weihnacht will unser Leben, will unsere Lebendigkeit.

Dafür stehen all die Zeichen des Lebens, die wir gerade in diesen Tagen in unsere Wohnungen und Häuser und Kirchen hereinholen: das Grün der Tannen, das Zeichen des Lebens in einer Zeit, in der alles Grün sonst verborgen ist; das Licht der Kerzen in einer Zeit, die hier in unseren Breitengraden von Dunkelheit geprägt ist; Verheißungen von Leben in Fülle in eine Zeit hinein, die voller Katastrophenmeldungen ist.

Wer im Geheimnis wohnt, für den strahlt im Dunkeln ein Licht, für den wächst mitten im Winter aus der Wurzel ein Reis, ein grüner Zweig.

Der hofft trotz aller Hoffnungslosigkeit, der vertraut trotz aller Enttäuschung, der glaubt allen Zweifeln zum Trotz.

Der folgt einem Stern und traut einem Wort. Der sieht ein Kind in der Krippe, in einem erbärmlichen Stall, und fällt auf die Knie, um es anzubeten.

Der lässt sich von den Pappkulissen unserer Gesellschaft nicht täuschen – der sieht hinter die Kulissen, der sucht das Mehr, der findet Gott.

Andrea Schwarz

12

Liebe

Ich hoffe auf die Liebe

Die deutsche Sprache hat für die drei Wörter »glauben«, »lieben« und »loben« die gleiche Wurzel: *liob,* das heißt: »gut«. Glauben heißt »für lieb halten, gutheißen«. Liebe besteht darin, das Gute, das ich im anderen sehe, gut zu behandeln. Und loben meint: das Gute auch ansprechen und gut über einen Menschen reden und ihm so Raum zur Entfaltung und zum Wachsen schaffen.

Das Wesentliche ist für die Augen unsichtbar. Die Augen sehen die Oberfläche. Sie nehmen wahr, wie die Gesichtszüge des anderen sind. Sie nehmen den Ärger wahr, die Unzufriedenheit, die Verschlossenheit, die Härte, den Gram und das Leid. Das Herz sieht tiefer. Es sieht hinter das Antlitz eines Menschen. Es sieht in sein Herz. Und im Herzen eines jeden Menschen erkennt es die Sehnsucht, gut zu sein, im Frieden mit sich und der Welt zu

sein, die Sehnsucht, sich und sein beschädigtes Leben Gott hinzuhalten und in Gott Heilung zu finden und in Einklang zu kommen mit sich selbst …

In jedem von uns steckt die Sehnsucht nach Liebe. Bring die Menschen in deiner Umgebung mit deiner Liebe in Berührung. Es geht darum, Liebe zu lernen. Das tut uns allen Not: eine Liebe zu lernen, die nicht mehr vermischt ist mit Besitzansprüchen, eine Liebe, die strömt und die Menschen verzaubert, die einen neuen Geschmack des Lebens hinterlässt …

Trau der Liebe, die Menschen in dir hervorlocken. Trau der Liebe, die du zu einem Freund oder einer Freundin spürst. In jeder Liebe ist etwas Lauteres und Reines. In jeder menschlichen Liebe, auch wenn sie noch so festhalten möchte, ist etwas von der reinen Gottesliebe. Lass dich in deinem Herzen von der Liebe berühren, die dir entgegenkommt oder die in dir aufflammt. Gott selbst berührt dich dabei und öffnet dich für das Geheimnis einer klaren und lauteren Liebe, die allen und allem gilt. In dieser Liebe bist du in Gott, und in dieser Liebe wirst du erst ganz zum Menschen, so wie er dich gedacht hat.

Anselm Grün

Was Liebe ist

Manchmal habe ich den Eindruck, fast jeder scheint ein Experte, eine Expertin in Sachen »Liebe« zu sein – und doch gibt es kaum etwas, das mehr Probleme beschert, mehr Konflikte verursacht als dieses kleine Wörtchen Liebe.

Da gibt eine junge Frau ihre eigene Wohnung auf, zieht zu ihrem Freund – und steht nach einem Vierteljahr vor den Scherben ihrer Beziehung. Da trennt sich ein Mann nach zehn Jahren Ehe von seiner Frau, weil er erfahren hat, dass sie einen Freund hat. Ein junges Mädchen verzweifelt, weil der Mann, in den sie sich verliebt hat, nichts von ihr wissen will. Ob wir vielleicht doch nicht so große Experten in Sachen Liebe sind?

Und darüber hinaus beschleicht mich ein leiser Verdacht: Könnte es sein, dass im Namen der Liebe mehr Sünden begangen werden als unter dem Namen irgendeiner anderen Sache? Die junge Frau, die mit ihrem Mann Streit anfängt, weil er zum Fußballspiel geht, aber eigentlich kann und will sie nur nicht allein sein. Der Mann, der seiner Freundin stolz den Blumenstrauß präsentiert, aber

sich damit nur von seinem schlechten Gewissen freikaufen will. Kinder, die angeblich aus Liebe bestraft werden, damit sie endlich lernen … Einer der verräterischsten Sätze ist die Aussage: »Ich hab's doch nur gut gemeint!« Gut gemeint – schon recht: aber für dich oder für mich?

Es gibt Situationen, da bezeichnen es Menschen als »Liebe«, wenn sie eigentlich ihre eigenen Interessen und Bedürfnisse stillen wollen, wenn sie den Partner an seiner Weiterentwicklung hindern, weil es für sie unbequem wird, wenn der Freund dafür bestraft wird, dass er ein eigenständiger Mensch ist und bleiben will. All das ist keine Liebe. Da wird vielmehr das Wort »Liebe« benutzt, damit und um zu …

Liebe in ihrem eigentlichen Sinn ist absichtslos und zweckfrei. Sie will nicht die Stillung der eigenen Bedürfnisse, sondern das Wohlergehen des anderen. Liebe will zum Leben und zur Lebendigkeit anstiften und den anderen zu seinem wahren Mensch-Sein befreien – und ihn nicht zu dem umbiegen, wie ich ihn gern hätte. Liebe hofft und vertraut, lässt los und birgt, schenkt her und lässt sich beschenken. Eine solche Liebe liebt nicht, um etwas zurückzubekommen, um selbst besser dazustehen, um etwas

zu erreichen. Sie verführt und manipuliert nicht, sie gebraucht und verzweckt den anderen nicht. Sie macht frei und fesselt nicht …

Ich gebe zu, eine solche Liebe kann etwas unbequemer zu leben sein als das, was manche Schlagersänger davon singen. Wer auf diese Weise liebt, der kommt nicht unverletzt davon. Lieben und leiden sind zwei Seiten einer Medaille – und das Wort »Leidenschaft« weiß davon zu erzählen. Wenn sich jemand für eine solche Art der Liebe öffnet, die den anderen meint und nicht sich selbst, der wird berührbar. Wer nur sich selbst meint, wird hart. Aber wenn ich berührbar geworden bin, dann kann ich mir nicht mehr aussuchen, wovon ich mich berühren lasse.

Dann berührt mich … die Umarmung des Freundes genauso wie das faltige Gesicht der alten Frau oder das Weinen eines Kindes. Wenn ich berührbar bin, dann kann ich die Höhepunkte des Lebens intensiv wahrnehmen – aber dann werde ich auch die Dunkelheiten an mich heranlassen müssen …

Wer liebt, der leidet am Leid des anderen, der leidet an seiner eigenen Ohnmacht, dem anderen nicht helfen zu können, der mag daran leiden, dass seine Liebe einen an-

deren nicht erreicht, der leidet an sich selbst, weil er so oft diesen Anspruch des Liebens verfehlt – und die Liebe doch wieder mit einem »um zu« verknüpft hat …

Zugegeben – das hört sich ein bisschen anders an als das, was in Songs und Zeitschriften, beim Friseur und beim Kaffeekränzchen unter dem Namen »Liebe« gehandelt wird. Und wenn ich zu Recht gefragt werde: Warum und wozu denn all das? dann lautet meine Antwort schlicht und ergreifend: Damit Menschen lebendiger werden – Sie und ich und all diejenigen, die wir lieben.

Andrea Schwarz

Du kannst nicht leben ohne Liebe

Du kannst nicht leben ohne Menschen, die dich mögen, Menschen, die dir von Zeit zu Zeit zu verstehen geben: Mensch, ich hab dich gern. Das ist von größter Bedeutung in der Ehe. Das ist eine Lebensnotwendigkeit für ein Kind. Eine Quelle des Glücks für einen alten Menschen. Ein Stück Gesundheit für einen kranken Menschen. Ein stiller Trost für einen einsamen Menschen. Dazu braucht man keine teuren Geschenke, eine kleine Aufmerksamkeit genügt.

Du kannst nicht leben ohne Menschen, die dich mögen. Sieh mal nach, ob vielleicht in deiner Umgebung, in deiner nächsten Nähe Menschen in der Kälte stehen, die ohne deine Liebe nicht leben können. Du hältst ein Stück von ihrem Glück in deinen Händen. Wenn du am Grab eines lieben Menschen stehst, sind es die unterlassenen Zeichen der Liebe, die versäumte Zuwendung, die vergessene Aufmerksamkeit, die am meisten weh tun. Der einzige Trost, der bleibt und der weit über die Grenzen des Todes reicht, ist die Liebe und Geborgenheit, die du anderen in ihrem Leben gegeben hast.

Noch nie wohnten so viele Menschen so eng beieinan-

der wie in den modernen Großstädten und bleiben sich gleichzeitig so fremd. In unserer überfüllten Welt gibt es unzählige Menschen, die einsam sind. Einsamkeit ist die tiefste Not vieler Menschen heute. Der einsame Mensch friert. Ihm fehlt die Wärme eines verständnisvollen, mitfühlenden Herzens.

Jeder Mensch, der auf die Welt kommt, ist sein Leben lang auf der Suche nach Geborgenheit. Jeder Mensch braucht ein warmes Nest, einen sicheren Hafen. Ein Zuhause ist eine elementare Notwendigkeit und darum ein Grundrecht des Menschen. Wenn Menschen unmenschlich werden, fangen sie an, andere auszugrenzen, abzuschieben und abzustoßen. Dann müssen Menschen vor Menschen fliehen. Menschen werden einsam, entwurzelt und heimatlos. Sie wissen nicht mehr, wo sie hingehören.

Lade einen Einsamen ein. Aber das ist gar nicht so einfach. Mach es nicht mit der Einstellung: Zu Weihnachten will ich mal was Gutes tun. Keiner möchte als Einsamer behandelt werden, mit dem man Mitleid haben muss. Auch sind nicht alle Alleinstehenden wirklich Einsame. Du musst ein besonderes Gespür entwickeln, um diese zu entdecken und sie anzusprechen, ohne sie zu verletzen.

Der oder die Eingeladene kann jemand sein, dessen Leben von einem schweren Schlag getroffen wurde und der darüber nicht hinwegkommt. Er oder sie kann schon sehr alt sein oder noch sehr jung oder doch schon hilflos. Lade einen Einsamen ein, nimm ganz normal Kontakt zu ihm auf, möglichst in deiner Umgebung. Mach es selbst, persönlich, mit ganzem Herzen, spontan und voller Freundschaft.

Liebe findet tausend Wege zum Herzen des Mitmenschen. Wege, auf denen du wortlos sagen kannst: Ich hab dich gern.

Phil Bosmans

13

Einklang

Im Einklang mit sich selbst

Ich möchte dich einladen, dich bequem auf einen Stuhl oder in einen Sessel zu setzen. Atme die Last des vergangenen Tages aus und entspanne dich. Wenn dir Musik dabei hilft, dann lege eine deiner Lieblingsstücke auf und zünde dir eine Kerze an. Wenn du dich nach einiger Zeit so richtig wohl in dir selbst fühlst, dann lege ein weißes Blatt Papier vor dich hin, dazu einen Stift und schreibe als Überschrift:

»Was ich unbedingt tun würde, wenn ich nur noch kurze Zeit zu leben hätte«.

Schließe deine Augen und lass zu dieser Frage deine Fantasien, Wünsche, Sehnsüchte und Gedanken kommen.

Schreibe dann auf, was dir einfällt. Überlege im Anschluss daran, was dir das Wichtigste davon ist.

Und das tue.

Möchtest du dich mit jemandem aussprechen und versöhnen, mit dem du in Streit bist, oder einem Menschen sagen, wie wichtig er für dich war oder ist, dann schreibe ihm einen Brief. Oder rufe ihn an. Heute noch.

Träumst du von einer großen Reise, die du schon so lange aufgeschoben hast, dann beginne, sie zu planen, für sie zu sparen, alles in die Wege zu leiten, was dich der Verwirklichung deines Wunsches ein Stück näher bringt. Heute noch. Niemand wird dir wünschen, dass die fiktive Situation eintritt. Mögest du alt und grau werden und bis dahin noch viele gesunde und glückliche Lebensjahre vor dir haben. Aber irgendwann einmal wird diese Situation Wirklichkeit. Irgendwann einmal neigt sich das Leben dem Ende zu. Und was wäre, wenn du dann feststellen müsstest, dass du Wesentliches in deinem Leben versäumt hast, dass Menschen, denen du etwas zu sagen gehabt hättest oder mit denen noch etwas zu klären gewesen wäre, vielleicht schon selbst verstorben sind?

Deshalb nutze den heutigen Tag, jetzt, wo du noch frisch bei Kräften bist, dein Leben zu bedenken, deine Sehnsüchte wahrzunehmen, zu spüren, was jetzt im Augenblick bedacht, getan, verändert werden will.

Du fragst, was diese ganze Übung mit Advent und Weihnachten zu tun hat? Die Adventszeit ist ursprünglich nicht Konsumzeit, sondern Bußzeit: Zeit der Umkehr, mit anderen Worten: Zeit der Besinnung darüber, was in der Vergangenheit schiefgelaufen ist, was man im Umgang mit sich selbst und mit anderen Menschen in Zukunft besser machen kann. Sich hin und wieder einmal diese Frage zu stellen, ist natürlich nicht auf die Adventszeit begrenzt. Aber vielleicht lohnt es sich gerade in diesen dunklen Wochen, sich von Zeit zu Zeit einmal aus der Glitzerwelt der Kaufhäuser und der ermüdenden Suche nach Geschenken zurückzuziehen und es wirklich *Stille Nacht* werden zu lassen.

Vielleicht gestaltet sich dadurch ein Brief, ein offenes Gespräch, ein versöhnendes Wort, das den, den es erreicht, tiefer anrührt als ein hastig gekauftes Geschenk. Und wenn du dir dann selbst etwas von dem gönnst, was du dir vielleicht schon so lange schuldig geblieben bist und du dadurch plötzlich neu auflebst und lebendig wirst, dann wird diese Weihnacht für dich wirklich zu einer fröhlichen, gnadenvollen Weihnachtszeit.

Christa Spilling-Nöker

Ich hatte Glück

Ich hatte Glück. Ich wurde gerufen und sollte geboren werden aus der Liebe von zwei Menschen, die einander treu blieben in guten und schlechten Tagen. Sie waren arm, aber glücklich, trotz vieler Sorgen. Bei ihnen war es gut. Ich fand ein sicheres Zuhause und wohlige Geborgenheit.

Ich hatte sehr viel Glück. Als ich todkrank daniederlag, wurde ich von dem gastfreundlichsten Pfarrhaus der Welt aufgenommen, in einem kleinen verlorenen Dorf, wo zwei Engel mit unendlicher Geduld und liebevoller Sorge mich wieder zum Lachen brachten. Ich lag zwei Jahre lang im Bett. Eine Zeit der Stille im Schatten des Kreuzes. Eine lange Inkubationszeit, in der ich unbewusst mehr lernte als jahrelang zuvor aus Büchern. Die Ärzte verurteilten mich zu einem Wrack für das Leben. Ich war zu nichts mehr zu gebrauchen. Ein freier Mensch. Ich konnte tun, was ich gerne tat, und fand einen neuen Weg zu den Menschen, vor allem zu den armen, einsamen, vergessenen und aus der Bahn geworfenen Menschen. Sie lehrten mich so viel, dass ich heute sagen darf: »Meine Universität war der arme, der einfache, der gewöhnliche Mensch.«

Ich hatte sehr viel Glück. Jetzt weiß ich: Manche Dinge sehen aus wie Katastrophen und sind doch Gnaden.

Manchmal stellen Menschen mir Fragen nach meinem Glück. Es sind in meinem Leben zahllose Menschen zu mir gekommen, die solches Glück nicht gehabt haben. Sie erzählten ihre Geschichte, und ich hörte zu. Eine schmerzliche Erfahrung für mich. Sie brachten viele Gründe vor, warum sie sich nicht wohlfühlten. Kein Zuhause, nirgends gern gesehen, keine Freundschaft. Die Ehe zerbrochen, keine Familie, kein Halt. Keiner, der sich um sie kümmerte. Sie fragten, wie ich glücklich sein kann. Ich versuchte dann zu helfen, einen Weg zu zeigen, Verständnis spüren zu lassen, aber meistens fand ich nicht die richtigen Worte.

Ich weiß genau, dass es immer zu tun hat mit Liebe von Mensch zu Mensch, mit Geborgenheit, mit Vertrauen und Hingabe, mit Sich-selbst-Verlieren, mit Glaubenkönnen, mit Dingen, die nicht in Mode sind. Für mich hat alles zu tun mit Gott.

Als ich eines Tages ärmer wurde, schwächer und machtloser, als plötzlich keine Zukunft mehr vor mir lag, wurde alles einfacher. Ich machte mein Herz voll Verzweiflung

weit auf und verlangte glühender denn je nach Gott. Da geschah das Wunder. Alles wurde mir gegeben. Nicht ich erkannte Gott, sondern Gott ließ sich von mir erkennen. Er offenbarte sich, nicht als ein Gott zum Nachdenken oder zum Angstbekommen, sondern als ein Gott zum Liebhaben und zum Glücklichsein.

Phil Bosmans

Eins mit sich und der Welt

Viele Menschen fühlen sich heute innerlich zerrissen, erleben sich hin- und hergerissen zwischen Angst und Vertrauen, zwischen Kraft und Schwäche, zwischen Geist und Trieb, zwischen ihrer spirituellen Sehnsucht und den Anforderungen des Alltags. Da sehnen sie sich nach Einklang. Sie möchten in sich selbst eins sein.

Sie möchten bei den vielen Konflikten in der Gesellschaft die Einheit in der Familie erfahren und leiden darunter, dass auch hier oft Streit und Spaltung herrschen.

Die Frage ist, wie wir einen Weg finden, mit uns in Einklang zu kommen und das Einssein mit uns selbst und

mit anderen Menschen zu erleben. Schon Kinder haben die Fähigkeit, mit sich und der Welt eins zu sein. Wenn wir Kinder beim Spielen beobachten, spüren wir, dass sie ganz im Spielen sind. Sie geben sich dem Spielen hin, alles andere ist unwichtig. Indem sie sich vergessen, sind sie ganz gegenwärtig, ganz im Einklang mit sich und dem Augenblick. Jeder kennt wohl solche Erfahrungen aus der Kindheit, in denen er sich eins gefühlt hat.

Freunde sind glücklich, wenn sie sich eins fühlen. Sie verstehen sich, ohne dass sie sich verständigen müssten. Sie wissen um den anderen. Sie achten den anderen so, wie er ist. Sie sind frei von dem Drang, den anderen verändern oder kritisieren zu müssen. Jeder darf sein, wie und wer er ist. Die Einheit spüren sie im Gespräch, aber oft genug auch im Schweigen.

Wer sich eins fühlt mit sich selbst, der ist auch einverstanden mit sich und seinem Leben. Er hört auf, gegen seine Vergangenheit zu rebellieren oder sich gegen seinen Charakter aufzulehnen. Er hat das Gefühl: Es darf alles so sein, wie es ist. Ich bin nicht vollkommen. Aber ich muss es auch gar nicht sein. Ich habe Schattenseiten. Aber die dürfen sein. Sie haben ein Recht auf Leben. Wenn ich sie

annehme, dann erweitern sie meinen Horizont. Einklang, Einssein, ist kein Einheitsbrei. Vielmehr besteht Einklang darin, dass ich die Gegensätze in mir annehme. Das braucht Mut. Denn wir möchten viel lieber eindeutig sein, als uns mit den eigenen Schattenseiten auszusöhnen, mit der verdrängten Aggression und Wut, mit den unbewussten Bedürfnissen. Einklang entsteht jedoch nur, wenn wir es fertig bringen, alles Gegensätzliche in uns anzunehmen und als zu unserem Leben gehörend zu begrüßen … Wir brauchen die Demut, den Mut, hinabzusteigen in unsere eigene Menschlichkeit, in die Erdhaftigkeit, in die Schattenbereiche unserer Seele, um alles in die Einheit mit Gott hineinzuheben …

Das Bild des Einswerdens ist für *Meister Eckhart* die Gottesgeburt. Und Gott wird im tiefsten Schweigen geboren, dort, wo kein Gedanke, keine Sorge, kein Zweifel und keine Erwartung von Menschen hindringen. Auf dem Grund der Seele, in dem alles schweigt, da wird Gott in uns geboren.

Anselm Grün

14

Grenzen

»... und im Dunkel strahlt ein Licht«

Gott nimmt uns unsere Dunkelheiten nicht. Es bleiben Krankheit und Tod, Angst und Einsamkeit, Missverständnisse und Verletzungen. Das ist menschlich. Die Begrenzungen unseres menschlichen Lebens stehen in Spannung zu unserer Sehnsucht nach Unbegrenztheit. Wir träumen davon, dass die Freiheit grenzenlos sein mag – und stoßen uns dann den Kopf blutig, wenn wir mit diesem Traum an die Grenzen unserer menschlichen Existenz stoßen.

Aber gerade die Begrenzungen unseres Lebens machen unser Mensch-Sein aus: Gäbe es den Tod nicht mehr, wären wir Gott – aber keine Menschen. Wären wir vollkommen, allmächtig, stark – dann wären wir Gott, aber keine Menschen mehr. Kennzeichen unseres Menschseins ist gerade unsere Gebrochenheit. Und diese Gebrochenheit, den Tod, diese Grenzen kann uns keiner nehmen, wenn er

uns nicht unser Menschsein nehmen will. Jede Religion, jeder Guru, jede Sekte, die das verspricht, lügt.

Keiner kann uns das Dunkel des Lebens nehmen. Hier auf der Erde werden bleiben Tod und Einsamkeit, Krankheit und Grenze.

Und unser Gott hat uns das auch nie versprochen. – Er führt uns durch den Tod zum ewigen Leben – aber er kann den Tod nicht wegnehmen. Er nimmt uns unser Dunkel nicht – aber er selbst kommt als Licht in unsere Dunkelheit.

Und das ist die radikale Botschaft des Weihnachtsfestes: Dieser Gott kommt aus seiner Unbegrenztheit in die Begrenzungen unseres menschlichen Lebens hinein, damit wir sie besser aushalten und leben können. Er selbst wird Mensch und unterwirft sich, bei aller Göttlichkeit, menschlichen Begrenzungen. Er weint und leidet, er hat Angst und wird verraten, er ist einsam und unverstanden. Er wird Kind in einer armseligen Krippe im Stall – und stirbt einen qualvollen Tod am Kreuz … Dieser Gott ist so stark, dass er sich schwach machen kann – in einem Kind in der Krippe, im Gekreuzigten auf Golgota.

Andrea Schwarz

Meine Grenzen

Die Würde meines Menschseins liegt in meinem Begrenztsein. Vor einigen Jahren sagte mir jemand: »Es ist manchmal recht schwer, mit dir zusammenzuleben!« Zu meinem eigenen Erstaunen haben mich diese Worte sehr befreit, und ich konnte antworten: »Du hast Recht, ich habe es manchmal auch recht schwer mit mir!« Diese Worte haben mich erlöst von der Erwartung, immer angenehm und »pflegeleicht« zu sein. Darin sehe ich keinen Freipass, um meine schlechte Laune ausleben zu können, jedoch das wohltuende Eingeständnis, auch mit meinen Fehlern angenommen zu sein. Denn in meiner Verletzlichkeit, meiner Zerbrechlichkeit, meinem Scheitern bin ich zutiefst auf andere angewiesen. Indem ich die Polaritäten in mir zu integrieren versuche, werde ich menschlicher und kann lernen, heilende Hilfe anzunehmen.

Pierre Stutz

Vom Engel der Ermutigung

Vielleicht haben wir im Laufe unseres Lebens Sätze zu hören bekommen wie: »Das kannst du nicht«, »Das schaffst du sowieso nicht«, »Du bist ohnehin ein Versager«.

Solche Worte können entmutigen. Dabei ruht in jedem von uns eine unglaubliche Fülle an Fähigkeiten und Begabungen, die nur hervorgelockt werden wollen, um unser Leben mit Lebendigkeit und Freude zu füllen.

Vielleicht mag uns der Engel der Ermutigung dazu beflügeln, über unseren Schatten zu springen und zu Dingen fähig zu werden, die uns nie jemand zugetraut hätte.

Christa Spilling-Nöker

Ich ziehe mich zurück in die Höhle

Die ostkirchliche Kunst hat die Geburtsszene immer in eine Felsenhöhle verlegt. In Betlehem zeigte man schon in apostolischer Zeit die Geburtshöhle. Die Höhle ist ein Bild für den Mutterschoß. Der Mutterschoß Mariens weist auf den Schoß und das Herz der Erde … Weihnachten ist ein mütterliches Fest, ein Fest der Geborgenheit und Heimat. Ich kann mir vorstellen, dass Jesus in mir geboren wird, während ich betend und meditierend in der Höhle weile.

Höhle, das heißt für mich, dass ich eingehüllt bin in Gottes heilende und liebende Gegenwart. Gebet ist für mich unter anderem auch eine gesunde Form von Regression. Ich ziehe mich zurück in die Höhle. Dort bin ich geborgen. Dort will niemand etwas von mir. Dort kann ich ausruhen, mich fallen lassen, mich entspannen. Dort darf ich einfach sein, so wie ich bin, ohne dass jemand an mir herumkritisiert, ohne dass jemand eine Forderung an mich stellt. Natürlich kann ich nicht immer in der Höhle bleiben. Ich muss auch wieder heraus, um mich dem Leben zu stellen. Aber es ist durchaus legitim, sich von Zeit zu Zeit in die Höhle zurückzuziehen und sich dort im mütter-

lichen Schoß Gottes auszuruhen. Gott wird mich dann schon wieder herausrufen, so wie er es bei Elija getan hat: »Komm heraus und stell dich auf den Berg vor den Herrn« (1 Könige 19,11).

Anselm Grün

15

Geschenke

Die Kunst, ein Geschenk anzunehmen

Dies ist die Zeit, wo man sich gegenseitig die besten Wünsche sagt und Geschenke macht. Du weißt, wie gut das tut, jemandem etwas zu schenken, der sich darüber von Herzen freuen kann. Vielleicht ist es eine Kostbarkeit, die du bekommst, vielleicht ist es nur eine Kleinigkeit. Sei dir auf jeden Fall bewusst, dass sich da ein lieber Mensch Gedanken gemacht hat, dass er etwas sorgsam ausgesucht und eingepackt hat in der Hoffnung, dich damit zu überraschen und dir eine Freude zu machen. Du bist nicht vergessen. Hunderte andere werden vergessen, sie bekommen nie etwas, keiner denkt an sie. Sei also froh, wenn dich jemand gern hat und an dich denkt. Sei dankbar. Und dann gib auch zu erkennen, dass du es zu schätzen weißt, auch wenn es eine Kleinigkeit ist.

Phil Bosmans

Vom Schenken und Sich-beschenken-Lassen

Die Geschwister meiner Eltern leben teilweise ziemlich weit entfernt. Als Kind habe ich mich deshalb immer auf Päckchen freuen können, die regelmäßig und pünktlich zu meinem Geburtstag und an Weihnachten ankamen. Das Auspacken war voll Spannung, die Neugier groß!

Nach dem Fest aber kam dann die lästige Arbeit: Ich musste mich bedanken. Meine Mutter musste mich oft mehrmals mahnen, bis ich schließlich seufzend das Buch, das ich gerade las, oder das Spiel, in das ich vertieft war, zur Seite legte, einen Schreibblock holte, und, die Zungenspitze zwischen den Zähnen, mich abmühte, einige Sätze des Dankes ordentlich und ohne Verschreiben aufs Papier zu bringen. Eine Tante hatte allein deswegen mein Herz im Sturm erobert, weil sie immer ausdrücklich dazuschrieb: »Du brauchst Dich nicht zu bedanken!« – und da konnte auch meine Mutter nichts mehr dagegen sagen.

Es mag schon wichtig sein, dass man als Kind lernt, »danke schön« zu sagen – aber heute denke ich oft, dass diese Tante möglicherweise etwas von dem »Geheimnis des Schenkens« erkannt hatte.

»Schenken« wird oft auf »Geben und Nehmen« reduziert, weil man meint, man schenkt, weil es ja schon immer so war, weil mir der andere auch etwas geschenkt hat, um selbst etwas geschenkt zu bekommen. Und damit verraten wir das »Geheimnis des Schenkens«.

Schenken hat etwas mit Liebe zu tun – mit zweckloser Liebe. Aus meiner Freude am Leben heraus, aus meiner Freude am anderen, verschenke ich etwas, vielleicht sogar mich. Liebe aber rechnet nicht, Liebe gibt. Liebe schenkt und fragt nicht nach dem Dank. Die Überraschung des anderen, seine Freude, ist Dank genug. Dem anderen beim Auspacken zuzuschauen, seine Augen zu sehen, das mag dem Schenkenden oft sogar mehr Freude machen als dem Beschenkten selbst. In einem solchen Sinn mag das »Schenken« sogar ein durchaus eigennütziger Vorgang sein – indem ich den anderen beschenke, beschenke ich mich. Dann ist Schenken keine Last, sondern viel mehr reine Lust. Wenn das Schenken mühsam wird, stimmt irgendetwas nicht. Dann ist es möglicherweise zur Pflicht verkommen, statt aus der Liebe zu erwachsen.

Nicht der finanzielle Wert macht ein Geschenk wertvoll – sondern das Maß an Liebe, für das dieses Geschenk

steht: eine Kleinigkeit, nur wenige Pfennige wert, aber mühsam gesucht, nett eingepackt, aufmerksam für den anderen und seine Situation abgestimmt.

In den letzten Jahren habe ich gelernt, dass die Form, wie solche Liebe ausgedrückt wird, unterschiedlich ist. Für den einen Freund, der an meinen Geburtstag denkt und mich anruft, ist dies aus seiner Situation heraus genauso viel wie für einen anderen, der stundenlang die Karlsruher Fußgängerzonen mit ihren Läden durchstreift, um genau das für mich zu finden, was er im Kopf hat.

Jedes Geschenk ist nur in seiner Beziehung zum Schenkenden verstehbar. Und damit wird jedes Geschenk auch zu einer Aussage über denjenigen, der schenkt, über die Beziehung, in der er zu mir steht – und wird damit zu einer Aussage des Schenkenden über sich, über mich und über uns.

Deshalb mag auch so manches Misstrauen Geschenken gegenüber durchaus angebracht sein: Es gibt Geschenke, die »stimmen nicht«, die hinterlassen beim Beschenkten ein ungutes Gefühl, weil sie etwas ausdrücken, was nur einseitig in der Beziehung vorkommen kann, weil sie keine Geschenke sind, sondern eher eine Form von Manipulation. Es gibt Geschenke, die etwas erschmeicheln wollen,

die eine Funktion haben – und die deswegen nicht »ehrlich« sind. Sie kommen nicht aus der Liebe heraus, sondern aus der Berechnung. Und dann mag es auch noch die Geschenke geben, die geschenkt werden, um Dankbarkeit zurückzubekommen, um sich jemanden zu verpflichten. Damit aber wird das Geschenk entwertet.

Denkbar ist auch, dass ein Geschenk, ehrlich und mit viel Liebe gesucht, nicht entsprechend gewürdigt wird. Auch das kann wehtun, kann verletzen – und auch dann stimmt möglicherweise irgendetwas in dieser Beziehung nicht ... Das Geschenk ist, im guten wie im schlechten Sinne, Mittler zwischen zwei Menschen und ihrer jeweiligen Situation, ist Ausdruck ihrer jeweiligen Beziehung. Die Bedeutung des Geschenkes kann ich nur erahnen, wenn ich den Schenkenden in den Blick nehme und zugleich überlege, wie der Schenkende mich sehen mag. Und erst dann ist verstehbar, warum ich manchmal, wenn mir ein Fläschchen Parfüm geschenkt wird, erfreut, dann aber auch wieder unwillig reagiere.

Das hört sich an, als ob Schenken furchtbar schwierig sei. Es ist nicht schwieriger und nicht einfacher, als Menschen wirklich gern zu haben, sie zu lieben ...

In meinem Freundeskreis entwickelt sich gerade eine ganz neue Tendenz, die ich sehr aufmerksam beobachte und nach Kräften unterstütze: Man schreibt sich lieber drei Ansichtskarten das Jahr über verteilt als einen Pflichtweihnachtsgruß. Im März habe ich noch das Weihnachtsgeschenk des Freundes gut, dafür hat er jetzt schon sein Geburtstagsgeschenk, obwohl dieser Geburtstag erst in einigen Wochen sein wird …

Die Feiertage in meinem Leben mache ich damit nicht ärmer, ganz im Gegenteil. Ich befreie sie von einem netten Beiwerk, das zwar schön ist, mich allzu oft aber von dem eigentlichen Sinn des Festes ablenkt … Der Jahreswechsel ist für mich wichtig, Weihnachten, Ostern …, die Geschenke, die Glückwünsche sind Gesten, die Ausdruck des jeweiligen »Sinnes« sind. Ist aber der Sinn des Festes verloren, dann verlieren eigentlich auch die Geschenke und Glückwünsche ihren Sinn … Mein Entschluss steht eigentlich fest – ich will den Sinn dieses Festes suchen. Und wenn sich daraus entsprechende Gesten und Formen ergeben, dann mag es so sein. Und ich will sorgsam sein auf das Schenken hin – ich möchte gern ehrlich schenken.

Andrea Schwarz

Das kostbarste Geschenk

Ist dein Geschenk ein Zeichen der Freundschaft, dann magst du es in farbenfrohes Papier und mit bunten Bändern einwickeln. Aber die Freundschaft lass frei, wie einen Schmetterling, der mit leichten Flügeln von einem Herzen zum anderen fliegt. Wenn du einen Schmetterling verpackst, kann er nicht mehr fliegen. Wenn du die Freundschaft verpackst, bekommt sie keine Luft mehr und erstickt. Freundschaft muss frei sein, ohne Hintergedanken. Wenn du denkst, dir mit Geschenken Menschen gewogen oder gefügig zu machen, stirbt die Freundschaft. Wenn Geschenke zum Geschäft werden, mit Verpflichtungen hin und zurück, dann geht die Freundschaft zugrunde. Ein Geschenk der Freundschaft ist niemals groß und niemals schwer. Es belastet nicht, denn es wird getragen von Strömen der Sympathie, die absichtslos von einem Herzen zum anderen fließen. Geschenke magst du verpacken und verschnüren, aber niemals die Freundschaft. Freundschaft ist das schönste und kostbarste Geschenk, der Sinn aller Geschenke, die Menschen einander geben.

Phil Bosmans

16

Wunder

Das Wunder der hellen Nächte

Es war still geworden in Betlehem. Die Engel hatten sich nach langen Jubelchören leise zurückgezogen, um das neugeborene Kind schlafen zu lassen. Die Hirten waren, noch ganz erregt von den himmlischen Ereignissen, zu ihren Herden zurückgekehrt, um überall von dem Wunder zu erzählen, das sie erleuchtet und so tief berührt hatte, dass sie noch gar nicht recht wussten, was ihnen eigentlich widerfahren war. Aufgeregt unterhielten sie sich über das Erlebte, und wo immer ihnen jemand zu später Stunde über den Weg lief, deuteten sie auf den Himmel und wiesen ihn mit Hilfe des Sterns zu dem Ursprung ihrer noch so schwer zu fassenden Freude.

Nur einer unter ihnen war ganz still unterwegs und verlor kein Wort. Wie betäubt war er von dem Jubel der Engel und dem hellen Schein, der das Kind umgab und in sei-

nem Herzen einen Glanz hinterlassen hatte, der schon fast wehtat. Tränen rannen über sein Gesicht und lösten, ohne dass er es selbst richtig merkte, Mauern in seiner Seele auf, die er im Laufe der Jahre in der Einsamkeit seines Hirtenlebens aus Kummer und Enttäuschung aufgebaut hatte, zum Schutz für sich selbst. So stolperte er halb blind und benommen den anderen hinterher. Wie konnten die nur so gesprächig sein, so viel ausplaudern von dem Geheimnis, das sie erfahren hatten. Er wollte das Wunder für sich bewahren, es in seinem Herzen verschließen. In seiner armseligen Hütte angekommen, warf er sich auf sein Lager und träumte den wundersamen Abend noch tausendmal nach.

Plötzlich richtete er sich auf. »Wozu liege ich hier herum?«, fragte er sich, raffte alle seine Habseligkeiten zusammen und verstaute sie in einem großen Sack. »Alles will ich bringen, alles geben und schenken, um das Wunder noch einmal zu erleben, allein für mich, jetzt, wo die anderen fort sind.« So machte er sich, todmüde zwar, aber glücklich über seinen Beschluss, erneut auf zum Stall.

Der Stern leuchtete so hell, dass er seinen Weg nicht verfehlen konnte. Leise schob er sich in den Stall, der zum

Raum des Wunders geworden war. Josef hatte sich auf das Stroh gekauert und war, völlig übermüdet von den sich überstürzenden Ereignissen, eingeschlafen. Und Maria, gezeichnet von den Anstrengungen der Geburt, aber doch mit einem glücklichen Lächeln auf dem erschöpften Gesicht, war auch eingenickt. Andächtig sank der Hirte vor dem Kind, das von himmlischem Leuchten umgeben war, auf die Knie.

»Ich habe alles, aber auch alles, was ich habe, gebracht, alles will ich dir schenken«, stammelte er und schüttete voller Liebe seine Gaben vor dem Kind aus. Er war selig, diesen Augenblick mit dem Kind allein zu haben und das Wunder nicht teilen zu müssen mit all den anderen, die sich bei Anbruch der Nacht hier versammelt hatten. Es wurde schon Morgen, als er sich endlich aufraffte, den Stall zu verlassen und nach Hause zurückzukehren. Zu müde war er nach der durchwachten Nacht, um sich zu seiner Herde zu begeben und die alltägliche Mühsal wieder zu beginnen.

»Zu kostbar ist das Wunder, als dass ich es mir durch das Geblöke der Schafe da draußen zerstören lassen will«, dachte er und verschlief den Tag in seiner Hütte. »Wenn ich das Wunder doch noch einmal erleben könnte«, träum-

te er vor sich hin, »was würde ich dafür geben!« Aber er hatte dem Kinde schon alles gebracht, was er besaß. »Ein Tier von meiner Herde will ich noch bringen«, besann er sich, »das schönste, weißeste, wolligste Schaf.« Wiederum schlich er sich des Nachts zu dem Kind, das Wunder in seine in langen Jahren so verwundete Seele aufzusaugen – und so wiederholte es sich Nacht um Nacht.

Mit einer ihm selbst an sich neu entdeckten Fantasie ersann er immer neue Geschenke, schor seine Schafe, webte Decken und Teppiche für das Kind, verkaufte Tiere und erwarb neue Kostbarkeiten …

Wieder einmal war es soweit: Wie an jedem Abend schlich er sich leise zur Krippe; doch war der Stall bisher von einem heimlichen Leuchten erfüllt und gewärmt gewesen, so war es heute dunkel und kalt. Es dauerte eine Weile, bis der Hirte begriff: Das Kind war fort, das Wunder verbraucht. Ihm wurde schwindlig, schluchzend warf er sich auf die Erde … ein Fell fühlte er unter seinen Fingern, Decken und Gefäße. Indem er all diese Dinge im Dunkeln betastete, begriff er: Sie hatten seine Geschenke zurückgelassen, sei es, weil die Flucht so schnell gehen musste, oder weil sie nichts damit anfangen konnten.

Halb blind vor Schmerz raffte er all seine einst dargebrachten Liebesgaben in einen Sack und rannte hinaus. »Hinterher muss ich«, durchfuhr es ihn, »vielleicht brauchen sie mich, und ich bin nicht zur Stelle.« Er rannte, so schnell, wie es seine Kräfte zuließen, aber je schneller er rannte, desto elender fühlte er sich, je mehr er versuchte, das Wunder einzuholen, desto weiter war es von seiner Seele entfernt ... Hilflos und ratlos taumelte er weiter, bis er schließlich bei den anderen Hirten ankam. Verwundert sahen sie ihn an, denn er hatte sich seit der wundersamen Nacht nur dann und wann blicken lassen, um ein Lämmlein zu schlachten oder zu verkaufen. »Du siehst müde aus«, sagte er zu einem älteren Hirten, »geh, leg dich schlafen, heute hüte ich deine Schafe.«

Der Alte sah ihn erstaunt an. Noch nie hatte der andere seine Hilfe angeboten. So bringe ich wenigstens den Rest der Nacht und den nächsten Tag herum, dachte der Hirte. Doch in der Tiefe seines verwundeten Herzens fühlte er leise Spuren von Freude. Der Alte war nicht mehr ganz gesund und hatte es wirklich nötig, sich auszuruhen. Wie dankbar der ihn angeschaut hatte. Der konnte sicher auch die warme Decke gebrauchen, die im Stall liegen geblieben

war. Irgendetwas wehrte sich in ihm, dieses kostbare Geschenk, das er mit so viel Liebe hergestellt hatte, herzugeben, aber dem Alten würde die Decke jetzt sicher gut tun.

Langsam überwand er seine inneren Widerstände, und so gab er nach und nach alles her, was er dem Kind gebracht hatte: Spielzeug für die Kinder, Gefäße und Schmuck für die Frauen, Felle und Decken für die Männer, die in den kalten Nächten draußen bei den Herden sein mussten. Er fragte dabei nicht mehr danach, was ihm das an Dankbarkeit einbringen konnte, sondern überlegte bei jedem Stück lange, wer es am besten gebrauchen und wer sich am meisten darüber freuen könnte.

Unmerklich ging bei all diesem Schenken ein inneres Leuchten von ihm aus, das auf die Beschenkten überging. Als der Sack sich leerte und er am Ende mit seinen Habseligkeiten war, spürte er im Inneren eine ähnlich tiefe Freude wie in jener Heiligen Nacht, als ihn das Wunder berührt hatte. Er begriff, dass sein Wunder der hellen Nächte nicht entschwunden war, sondern sich in ihm, wenn auch unter unendlichen Schmerzen, verwandelte und sich durch ihn und in ihm lebendig erhielt.

Christa Spilling-Nöker

Das Wunder der Neugeburt

In den frühen Darstellungen der Geburt Jesu ist Maria immer erschöpft vor Schmerzen. Seit dem 14. Jahrhundert konnten sich viele Fromme nicht mehr vorstellen, dass Maria Jesus genauso unter Schmerzen geboren hat wie jede andere Frau. So beschreibt der Verfasser der »Betrachtungen des Lebens Christi«, ein Franziskaner, Maria habe sich bei der Geburt an eine Säule gelehnt, und das Kind habe den Mutterleib ohne Schmerzen verlassen. Ähnlich hat es die heilige *Birgitta* in einer Vision gesehen. Es ist verständlich, dass die Menschen mit der Geburt Christi auch die Hoffnung verbunden haben, dass es doch auch eine Geburt ohne Schmerzen geben müsse, dass Gott selbst den schmerzlichen Prozess unseres eigenen Geborenwerdens verwandeln möge.

Wir feiern in der Geburt Jesu den Weg unserer eigenen Geburt. Auch zu unserem Geburtsvorgang gehören Einsamkeit, Fremde, Nacht, Schmerzen. Immer wenn in uns etwas Neues geboren wird, tut es zuerst weh. Wir möchten so weiterleben wie bisher. Wir möchten das Neue im Leib zurückbehalten. Wir spüren zwar, dass sich da etwas

Neues anbahnt. Aber wir haben Angst davor, dass das Neue durchbricht. Es könnte ja nicht verstanden werden. Es könnte das Schicksal des göttlichen Kindes teilen, für das kein Raum in der Herberge war. Wir wissen nicht, wie sich das Neue anfühlt. Wir spüren nur, dass das Alte so nicht mehr weitergeht. Zugleich aber liegt in unserer Geburt die Verheißung, dass alles in uns neu wird. Wir sind nicht festgelegt auf das Vergangene, auf die vergangenen Verletzungen und Lebensmuster. Neues Leben entsteht in uns. Es ist bei der Geburt noch ganz zart. Aber es wird sich genauso kraftvoll in uns durchsetzen wie das Kind in der Krippe.

Manche Frauen erleben die Geburt auch als lustvoll, ohne große Schmerzen. Die gleiche Erfahrung dürfen zuweilen auch wir machen. Da wird etwas Neues in uns geboren, ohne dass wir es schmerzlich erleben. Es ist wie ein Wunder. Auf einmal ist etwas Neues in uns entstanden, ohne dass wir den Prozess des Geborenwerdens bewusst wahrgenommen haben. Geburt besagt, dass wir nicht alles erarbeiten müssen, dass Gott selbst in uns Neues wirkt.

Die Bibel sagt uns, dass wir immer wieder neu geboren werden müssen, dass wir schmerzliche und lustvolle Ge-

burtsvorgänge unser Leben lang erfahren werden, bis wir im Tod für immer in Gott hinein geboren werden ... Auf unserem spirituellen Weg bedarf es immer wieder der Neugeburt, in der alte Muster zerbrechen und das reine und ursprüngliche Bild Gottes in uns klarer hervorkommt. Bei der Geburt sind wir noch nicht getrübt durch die Bilder und Erwartungen, die andere uns überstülpen. Wir sind noch das reine und ursprüngliche Bild, das Gott sich in uns ausgedacht hat. Wir sind noch frei, die Zukunft selbst zu gestalten. Unser Leben liegt noch vor uns. Die Wege sind noch nicht abgeschritten. Es ist wie eine Landschaft, die im Neuschnee liegt. Wir sind frei, unsere ureigenste Spur einzugraben.

Anselm Grün

Das Wunder in den Gesichtern

Ich bin Gott überall begegnet. Vor allem habe ich ihn gesehen in den Gesichtern von Menschen, von angeschlagenen und gescheiterten Menschen. Ich begegnete ihnen jeden Tag im Werkhuis »MiN« (»Menschen in Not«), der ersten Arbeitsstätte in Belgien für ehemalige Strafgefangene und Menschen ohne soziale Unterstützung. Sie kamen von überall: der Kanadier mit dem Bart, der behauptete, Filmschauspieler zu sein; Julius, der Staatenlose, mit seinem Rechentalent und einem fantastischen Gedächtnis. Oft hatte Alkohol ihr Leben, ihre Familie zerstört. Sie kamen aus allen Schichten, alle mit einem Leben wie ein Roman. Als ich sah, wie in diesen Menschen ein Feuer brannte nach Glück, ein tiefes Verlangen nach Geborgenheit, da wusste ich Gott anwesend mit seiner Frage nach meinem Herzen. Das gab mir den Mut und die Kraft, für die Mitmenschen zu leben. Das Leben ist ein Abenteuer mit Gott und den Menschen.

Phil Bosmans

17

Vergebung

Das schönste Weihnachtsgeschenk

Lebst du in Frieden, hast du Frieden mit den Menschen um dich herum? Oder liegst du im Streit? Gibt es Menschen, die dich gekränkt haben, die dir Wunden zugefügt haben, die dich ganz tief verletzt haben? Vielleicht die eigene Frau, der eigene Mann, der Sohn, die Tochter? Vielleicht nahe Angehörige, enge Freunde? Dann ist tief in deinem Innern eine offene Wunde, die schmerzt und quält.

Nun bitte ich dich um etwas Schweres: Schenke Vergebung! Sag nicht gleich: »Das ist unmöglich. Ich habe für ihn, für sie alles getan, alles gegeben. Und was hat er, was hat sie getan? Vergeben – nein, das geht nicht!« Ach, du hast doch noch nicht alles gegeben. Du gibst erst alles, wenn du Vergebung schenkst. Vergebung ist das schönste Weihnachtsgeschenk. Es ist ein göttliches Geschenk. Und vergiss nicht: Auch du bedarfst der Vergebung.

Durch Vergebung schließen sich alle Wunden, die Liebe kann wieder aufblühen …

Nichts belastet so schwer wie nicht vergeben können. Nichts ist so schlimm, wie Tag und Nacht leben zu müssen mit dem scharfen Stein von Wut und Hass im Herzen. Von einem, vielleicht vielen Menschen wurde dir Böses getan. Dein Innerstes ist allmählich in Kälte erstarrt. Du bist nicht mehr derselbe. Du wunderst dich selbst. Du bist nicht mehr so warmherzig, so sanftmütig. Deine Sympathie ist in Antipathie umgeschlagen.

Wo Verbundenheit herrschte, besteht nun ein Bruch. Aus Freundschaft ist Feindschaft geworden, aus Liebe Hass. Du leidest darunter. Du fühlst dich wie in einem Gefängnis. Die Rollläden sind heruntergegangen, alles ist zu. Die Sonne bleibt draußen. Das Leben wird bleischwer. Im Tiefsten deines Herzens sehnst du dich nach Befreiung, vor allem möchtest du in deinem Inneren wieder frei sein.

Es gibt nur einen einzigen Weg, glaub mir: Vergebung! Vergib! Das kostet sehr viel, aber es ist den Preis wert. Vergeben ist etwas Schöpferisches. Vergeben heißt neues Leben wecken und neue Freude. Vergebung macht Neues möglich, in dir und in den anderen.

Du musst oftmals vergeben und darfst nie zählen, wie oft. Vergib siebenmal siebzigmal, das heißt unendlich, denn selbst hast du doch auch so viel Vergebung nötig. Vergebung ist das schönste Geschenk jetzt zu Weihnachten.

Phil Bosmans

Unsere Schatten und das barmherzige Licht

Durch die barmherzige Liebe unseres Gottes / wird uns besuchen das aufstrahlende Licht aus der Höhe,
um allen zu leuchten, die in Finsternis sitzen und im Schatten des Todes, / und unsere Schritte zu lenken auf den Weg des Friedens.
Lukas 1,78–79

Das Wort »barmherzig« stammt aus dem Althochdeutschen und bedeutet: »wer ein Herz für die Armen hat«. Diese Bedeutung finde ich auch in biblischen Texten. Die Rede vom barmherzigen Gott entdecke ich vor allem in den Psalmen. Kommt da doch alles, was in unserem Leben erfahrbar ist, zur Sprache: Sehnsucht, Wut, Dank, Hoffnung, Enttäuschung, Aggression, Vertrauen, Lob, Feindbilder, Versöhnung. In all diesen Gefühlsregungen wird Gott als langmütig und barmherzig erfahren, weil all das im Leben Platz haben darf. Gott liebt den Menschen trotz und in all seiner Widersprüchlichkeit und Inkonsequenz. Er möchte aber unser angelerntes, gedankenlos fortgesetztes Verhalten aufbrechen, nur dann angenom-

men, anerkannt zu sein, wenn wir unsere Schwächen überspielen, unser wahres Gesicht und Inneres verbergen. Bei ihm hat alles Versagen Platz.

Es ist diese befreiende Geborgenheit, die mich verbindet mit allen Menschen. Ich brauche keine Feindbilder und Sündenböcke mehr. So kann ich zu meinen Schwächen und Schattenseiten stehen und sehen, dass auch in mir ein potentieller Mörder, Süchtiger, Ausbeuter schlummert. Alles, was an Brutalität und Perversion auf dieser Welt existiert, gibt es auch ansatzhaft in mir.

Das »Selig die Barmherzigen, denn sie werden Erbarmen finden« der Bergpredigt beinhaltet genau diese Dimension. Dies heißt nicht, dass ich nur schlecht oder erbärmlich bin, sondern dass ich verletzlich und unvollkommen bin und es auch sein darf …

Durch Jesus ist glaubhaft sichtbar geworden, dass Gott uns die Würde unseres Lebens schenkt: Trotz aller Fehler bleiben wir Abbild Gottes … Nur wenn ich meine Schattenseiten annehme, kann ich mir und anderen Veränderungen zugestehen, wenn ich versuche, jedem wohlgesinnt zu sein.

Pierre Stutz

Vom Engel der Vergebung

Ich bin, wie man so schön sagt, ein ganz normaler Mensch. Einer, der sich bisher mehr schlecht als recht durchs Leben geschlagen hat. Einiges gelang mir ganz gut, dann und wann gab es kleine Erfolge zu feiern, die mich aus der Grautönigkeit des Alltags herausrissen. Anderes wiederum ging schief, anfangs verheißungsvoll anmutende Projekte zerschlugen sich, Freunde distanzierten sich, doch auf anderer Ebene gewann ich neue hinzu. Wie das Leben eben so spielt. Dabei blieb es natürlich nicht aus, dass ich andere Menschen verletzt und gekränkt habe, oder anders ausgedrückt: an ihnen schuldig geworden bin. Manches konnte ich durch ein Gespräch klären und dadurch aus der Welt schaffen, anderes lastete jahrelang auf meiner Seele und raubte mir bisweilen den Schlaf.

Heute, ausgerechnet an Weihnachten, war wieder eine solche Nacht. Die Worte aus dem Weihnachtsevangelium »Fürchtet euch nicht« und die Gebete um Frieden und Versöhnung gingen mir immer wieder durch den Kopf. Unruhig wälzte ich mich im Bett von einer Seite auf die andere. Dunkle Bilder aus der Vergangenheit stiegen in mir

auf, die Verletzungen, die ich anderen zugefügt hatte, liefen wie ein Film vor meinem inneren Auge ab. Ich fragte mich, wo sie denn sind, die helfenden und rettenden Engel, die einem die Last der Schuld vom Herzen tragen, und betete und flehte um Gnade.

Ich muss dann wohl doch eingenickt sein, als ich plötzlich eine sanfte Stimme wahrnahm: »Ich bin der Engel der Vergebung. Schreibe alles auf, was dich belastet!« »Das wird eine endlose Qual!« »Der musst du dich stellen, wenn du innerlich frei werden willst.« »Ich weiß gar nicht, wo ich beginnen soll«, stöhnte ich. »Fang mit dem an, was dich jetzt gerade umtreibt.«

Er reichte mir ein dickes Buch mit unbeschriebenen Seiten, dazu einen goldenen Stift. »Und was passiert, wenn ich damit fertig bin?« »Ich nehme es mit und trage dadurch alles, was dich belastet, weit von dir weg.« Das hörte sich gut an, und so begann ich.

Anfangs tat ich mich schwer, für all das, was ich anderen angetan hatte, die richtigen Worte zu finden. Ich fürchtete auch, der Engel könne mir beim Schreiben heimlich über die Schulter sehen. Obwohl ich ahnte, dass Engel auch um die dunklen Seiten der Menschen wissen,

gab es so vieles, dessen ich mich schämte. Doch meine Angst erwies sich als überflüssig. Der Engel hatte sich an meinem Fußende niedergelassen und nickte mir nur dann und wann aufmunternd zu.

Es müssen Stunden vergangen sein, denn als ich das Buch vollgeschrieben hatte, ließen die ersten Morgennebel schon einen neuen Tag ahnen. Der Engel nahm mir Buch und Stift ab, breitete seine Flügel aus und erhob sich zum Himmel. Und dann passierte das Entsetzliche. Er ließ das Buch fallen. »Nein!«, schrie ich aus vollster Kehle. Jetzt konnte jeder meine Fehler und Sünden lesen. Ich würde mich nie mehr unbefangen unter den Mitmenschen bewegen können. Zu tief saß in mir das Gefühl von Scham. »Du brauchst dich nicht zu fürchten!«, hörte ich den Engel noch sagen, dann war er meinen Blicken entschwunden. Der hatte gut reden. Eben noch hatte ich Vertrauen in die Macht des Himmels gehabt, endlich von den Albträumen meines bisherigen Lebens befreit zu werden, und jetzt fühlte ich mich, als sei ich geradewegs in die Hölle gestürzt. Mit Entsetzen sah ich, wie das Buch immer tiefer sank; doch es wurde dabei offensichtlich immer kleiner. Als ich seinen Aufprall erwartete, hatte es sich in Luft aufgelöst.

Schweißgebadet wachte ich auf. Ich blieb noch ein wenig liegen und sann der vergangenen Nacht nach. Hatte ich geträumt oder war alles wahr gewesen, was ich erlebt hatte. Gab es denn Engel mit dicken Büchern und goldenen Stiften?

Schließlich stand ich auf und richtete mein Frühstück. Danach begann ich, Briefe an die Menschen zu schreiben, denen ich im Laufe der Jahre wehgetan hatte. Dabei spürte ich mich innerlich wie befreit. Mir, die ich mich sonst so schwer mit dem Schreiben tat, flossen die Worte nur so auf das Papier. Auch alles Weitere ging mir heute leicht von der Hand. Die Dinge, die mich über Jahre so schwer belastet hatten, hatten sich offenbar in mir gelöst. Ich konnte jetzt an sie denken, ohne dass mir schwer ums Herz wurde. Also war der Engel doch wahr und wirklich gewesen und die Heilige Nacht war für mich zu einer heilenden Nacht geworden.

Am Abend dieses Weihnachtstages beschloss ich, in Zukunft alles, was mich bedrückt, vor allem die Ereignisse, in denen ich Menschen wehgetan hatte, aufzuschreiben. Auf die linke Seite eines Buches. Und auf die rechte meine Fantasien dazu, welche Wege zur Entschuldigung

und Versöhnung möglich wären. Jedenfalls will ich nicht, dass sich wieder so viel Schuld ansammelt, bis sie mich schier zu erdrücken droht. Den Hilfeschrei nach einem Engel hebe ich mir von jetzt an lieber für andere Gelegenheiten auf.

Christa Spilling-Nöker

18

Dankbarkeit

Der Engel der Dankbarkeit

Dankbarkeit ist heute selten geworden. Die Menschen haben unermessliche Ansprüche. Sie haben den Eindruck, sie würden zu kurz kommen. Daher brauchen sie immer mehr. Sie sind unersättlich geworden und können daher nichts mehr genießen. *Pascal Bruckner,* der französische Philosoph, beschreibt den heutigen Menschen als Riesenbaby mit unermesslichen Ansprüchen an die Gesellschaft. Er kann nie genug davon bekommen. Und immer sind die andern schuld, wenn es ihm nicht gut geht. Denn sie geben ihm nicht, was er doch unbedingt zum Leben braucht.

Der Engel der Dankbarkeit möchte einen neuen Geschmack in dein Leben bringen. Er möchte dich lehren, alles mit neuen Augen anzuschauen, mit den Augen der Dankbarkeit. Dann kannst du mit einem dankbaren Blick auf den neuen Morgen schauen, dass du gesund aufstehen

kannst und dass du die Sonne aufgehen siehst. Du bist dankbar für den Atem, der dich durchströmt. Du bist dankbar für die guten Gaben der Natur, die du beim Frühstück genießen kannst. Du lebst bewusster. Dankbarkeit macht dein Herz weit und froh. Du bist nicht fixiert auf Dinge, die dich ärgern könnten. Du fängst den Morgen nicht gleich mit dem Ärger über das miese Wetter an. Du bist nicht gleich frustriert, weil die Milch überkocht. Es gibt ja Menschen, die sich das Leben selbst schwer machen, weil sie nur das Negative sehen. Und je mehr sie das Negative sehen, desto mehr werden sie durch ihr Erleben bestätigt. Sie ziehen kleine Unglücksfälle durch ihre pessimistische Sichtweise geradezu an.

Danken kommt von denken. Der Engel der Dankbarkeit möchte dich lehren, richtig und bewusst zu denken. Wenn du zu denken anfängst, kannst du dankbar erkennen, was dir in deinem Leben alles gegeben wurde. Du wirst dankbar sein für deine Eltern, die dir das Leben gegeben haben. Du wirst nicht nur dankbar sein für die positiven Wurzeln, die du in deinen Eltern hast, sondern auch für die Wunden und Verletzungen, die du von ihnen bekommen hast. Denn auch sie haben dich zu dem ge-

formt, der du jetzt bist. Ohne die Wunden wärst du vielleicht satt und unempfindlich geworden. Du würdest den Menschen neben dir in seiner Not übersehen. Der Engel der Dankbarkeit möchte dir die Augen dafür öffnen, dass dich dein ganzes Leben hindurch ein Engel Gottes begleitet hat, dass dich ein Schutzengel vor manchem Unglück bewahrt hat, dass dein Schutzengel auch die Verletzungen in einen kostbaren Schatz verwandelt hat.

Der Engel der Dankbarkeit schenkt dir neue Augen, um die Schönheit in der Schöpfung bewusst wahrzunehmen und dankbar zu genießen, die Schönheit der Wiesen und Wälder, die Schönheit der Berge und Täler, die Schönheit des Meeres, der Flüsse und Seen. Du wirst die Grazie der Gazelle bewundern und die Anmut eines Rehes. Du wirst nicht mehr unbewusst durch die Schöpfung gehen, sondern denkend und dankend. Du wirst wahrnehmen, dass dich in der Schöpfung der liebende Gott berührt und dir zeigen möchte, wie verschwenderisch er für dich sorgt.

Wer dankbar auf sein Leben blickt, der wird einverstanden sein mit dem, was ihm widerfahren ist. Er hört auf, gegen sich und sein Schicksal zu rebellieren. Er wird erkennen, dass täglich neu ein Engel in sein Leben tritt, um ihn

vor Unheil zu schützen und ihm seine liebende und heilende Nähe zu vermitteln. Versuche es, mit dem Engel der Dankbarkeit durch die kommende Woche zu gehen. Du wirst sehen, wie du alles in einem andern Licht erkennst, wie dein Leben einen neuen Geschmack bekommt.

Du kannst deinen Engel der Dankbarkeit auch bitten, dass er dich lehrt, für die Menschen zu danken, mit denen du zusammenlebst. Wir beten oft nur für die Menschen, die uns wichtig sind, wenn wir wünschen, dass Gott ihnen hilft, dass Gott sie heilt und tröstet, oder wenn wir sie ändern möchten. Manchmal ist unser Gebet für die andern eher ein Gebet gegen sie. Wir möchten, dass sie so werden, wie wir sie gerne haben möchten. Wenn wir für einen andern Menschen *danken*, dann nehmen wir ihn bedingungslos an. Er muss sich nicht ändern. Er ist so, wie er ist, wertvoll. Oft merken es die Menschen, wenn wir für sie danken. Denn von unserem Danken geht eine positive Bejahung aus, in der sie sich vorurteilslos angenommen fühlen. Ein amerikanischer Geistlicher berichtet von einem Ehepaar, das jahrelang für den alkoholkranken Vater der Frau gebetet hat, damit er endlich von seinem Alkohol loskäme. Und sie haben zahlreiche Gebetsgrup-

pen um ihre Fürbitte gebeten. Aber alles war umsonst. Erst als sie den Mut aufbrachten, für den Vater zu danken, dass er da ist, dass er so ist , wie er ist, ermöglichten sie ihm, dass er sich ändern konnte. Weil er nicht mehr den unbewussten Anspruch an sich spürte, sich ändern zu müssen, konnte er sich ändern. Weil er sich bedingungslos bejaht fühlte, brauchte er den Alkohol nicht mehr.

So bitte deinen Engel der Dankbarkeit um das Wunder, dass Menschen sich durch deinen Dank bedingungslos geliebt fühlen und so in dieser Liebe heil werden.

Anselm Grün

Das Gedächtnis des Herzens

Hast du ein gutes Gedächtnis, oder ärgerst du dich manchmal über vergessene Namen und Termine? Es gibt ein Gedächtnis, das hängt mit dem Kopf zusammen: Manche können ganz leicht behalten, andere können sich nichts merken. Es gibt aber noch ein anderes Gedächtnis. Es hat Wurzeln, die viel tiefer gehen, bis ins Herz. Wer war gut zu dir? Wer hat dich umsorgt, als du klein warst? Wer war lieb und freundlich zu dir, als du größer wurdest? Wer hat dir geholfen, als du verzweifelt warst? Wer dachte an deinen Geburtstag oder Namenstag, wer hat dir zu Weihnachten eine Freude gemacht? Oder kannst du dich an nichts mehr erinnern? Dankbarkeit ist das Gedächtnis des Herzens. Du musst nicht reich sein, um dankbar zu sein. Du musst nur ein gutes Herz haben, das wahrnimmt, wenn andere gut zu dir sind. In diesem Monat der Geschenke lerne, dankbar zu sein. Zeige, dass dein Herz ein gutes Gedächtnis hat.

Phil Bosmans

Womit Dankbarkeit zu tun hat

Ja, ich habe allen Grund für mein Leben dankbar zu sein – auch wenn es nicht immer leicht war. Ich durfte zur Welt kommen, auch wenn meine Eltern zu diesem Zeitpunkt bettelarm waren – aber ich durfte leben. Meine Eltern konnten mir nach heutigen Maßstäben finanziell nicht viel bieten – Feiertag war, wenn es eine Flasche Malzbier gab. Aber sie haben mir viel Entscheidenderes gegeben: ihre absolute Liebe und ihre bedingungslose Solidarität, wenn ich mal Mist gebaut hatte.

Ich bin den richtigen Menschen zum richtigen Zeitpunkt begegnet – und sie haben mich herausgefordert, mich unterstützt, mich gehalten, mich konfrontiert, mich das Loslassen gelehrt. Ich habe die Aufgaben in meinem Leben bekommen, die gepasst haben … auch wenn manchmal dabei alle meine Pläne durchkreuzt wurden …

Dankbarkeit hat etwas mit »bewusst leben« zu tun – und damit, dass ich mein Leben anschaue, es wahrnehme. Zugegeben, manches, was wir erleben, lädt nicht gerade zur Dankbarkeit ein. Wie will ich für Krankheit und Tod, für Scheitern und Grenzerfahrungen dankbar sein?

Aber im Nachhinein bekommt manches seinen Sinn, was ich im konkreten Erleben nicht sehen, nicht wahrhaben konnte. Das, was ich erlebt habe, hat in meine Kategorien des Lebens nicht hineingepasst – und das hat manchmal sehr wehgetan. Manchmal wurden mit dem, was mir zugemutet wurde, Grenzen überschritten. Aber wie will ich wachsen, wenn nicht ab und an Grenzen überschritten werden – oder ich Grenzen überschreite? …

Dankbarkeit kann aber auch falsch verstanden und missbraucht werden. Es gehört zum »guten Ton«, danke zu sagen, *wenn man etwas* bekommt – und das ist auch gut so. Nichts, was mir geschenkt wird, ist selbstverständlich – und mir das durch das Wörtchen »danke« ins Bewusstsein zu rufen, schadet sicher nichts.

Aber weil das so ist, wird es manchmal auch »benutzt«. Man macht ein Geschenk, gleich welcher Art – und will eigentlich ein Gegengeschenk, will die Dankbarkeit, die Aufmerksamkeit des anderen. Man schenkt etwas, um den anderen zu verpflichten – und wehe, er sagt dann nicht »danke«, wehe, ich bekomme nicht das erhoffte Gegengeschenk. Und dann hagelt es Vorwürfe, es gibt Krach und Streit …

In dem Moment wo ich einen Dank erwarte oder gar einfordere, verzwecke ich mein Geschenk, meine Freundschaft, meine Liebe. Und dann ist es kein Geschenk mehr, keine Freundschaft und keine Liebe. Dann habe ich nicht wirklich den anderen gemeint, sondern eigentlich mich.

Ich glaube: Was ich jemandem Gutes tue, kommt irgendwie zu mir zurück. Es muss nicht unbedingt von demjenigen kommen, dem ich etwas Gutes getan habe, es kann von einer ganz anderen Ecke, von jemand ganz anderem kommen. Nichts geht verloren. Es kehrt immer wieder zu mir zurück – das Gute wie das Schlechte.

Dankbarkeit ist der Blick zurück, aus dem heraus Neues wachsen kann. Dankbarkeit ist das Eingeständnis, dass ich vieles nicht machen kann, sondern dass es mir geschenkt wird. ... Vielleicht heißt Dankbarkeit einfach, mein Leben bewusst zu leben, denen verbunden zu sein, die mitgehen, das was mir geschenkt wird, wahrzunehmen – und das, was mir gegeben wurde, anderen weiterzugeben.

Vielleicht heißt es, Gott nicht immer nur zu bitten, sondern ihm auch einmal danke zu sagen.

Andrea Schwarz

19

Christbaum

Der Christbaum

Seit dem 16. Jahrhundert ist es in Deutschland üblich, an Weihnachten geschmückte Tannenbäume aufzustellen. Die Tanne, die auch im Winter ihr grünes Kleid behält, ist ein altes Symbol für die göttliche Kraft des Lebens, das sich auch durch die Kälte des Winters nicht besiegen lässt. Der Christbaum geht auf den alten germanischen Brauch zurück, in den Raunächten grüne Zweige in den Häusern aufzuhängen, um die bösen Geister abzuwehren. Dabei wurden die Dämonen in doppelter Weise abgewehrt: Die immergrüne Pflanze soll ihre Lebenskraft auf Mensch und Tier übertragen. Und das Licht soll die dunkle Winternacht erhellen und durch seinen Schein die Geister vertreiben. In der christlichen Tradition soll der Baum als immergrüner Baum und zugleich als Lichterbaum Christus in die Häuser bringen und alle Dämonen der Angst, der

Feindschaft und der Eifersucht aus ihnen verbannen. Mitten im kalten und dunklen Winter will er Wärme und Licht in unsere Welt bringen.

Die Christen haben den Tannenbaum an Weihnachten als Paradiesesbaum verstanden, von dem die »Früchte des Lebens« gepflückt werden. Die Früchte des Lebens werden in Äpfeln und Nüssen dargestellt, die seit alters her an den Baum gehängt werden, oder auch durch Christbaumkugeln, die ein Bild für das Ganze und Heile des Paradieses sind. Nach einer alten Legende sandte der todkranke Adam seinen Sohn Set in das Paradies, um ihm Öl vom Baum des Lebens zur Linderung seiner Schmerzen zu holen. Doch der Erzengel Michael gab Adam den Bescheid, erst in 5500 Jahren werde der Sohn Gottes auf die Erde kommen, um ihn selbst zum Lebensbaum, zum Baum der Barmherzigkeit und Gnade zu führen. Doch Michael gab zugleich mit dieser Verheißung dem Set ein Reis vom Lebensbaum mit, er solle es in die Erde pflanzen. Der Christbaum ist so ein Reis vom Baum der Gnade, zu dem uns Gott in der Geburt seines Sohnes führt, damit sein Öl unsere Schmerzen lindere.

Der Baum ist in allen Völkern ein wichtiges Symbol für

die Fruchtbarkeit und Quelle des Lebens ... Der Baum verbindet Himmel und Erde. Er ist tief in der Erde verwurzelt und zieht aus der Mutter Erde seine Kraft. Zugleich ragt er in den Himmel und entfaltet seine Krone nach oben. So ist er ein Bild des Menschen, wie er sein sollte, wenn er wie ein Baum verwurzelt ist und doch aufrecht steht, wie ein königlicher Mensch mit einer Krone.

Im Christbaum sind einige Züge der allgemeinen Symbolik von Bedeutung. Da ist einmal die Verbindung zwischen Himmel und Erde. An Weihnachten hat Gott die Grenze zwischen Himmel und Erde aufgehoben, da ist der Himmel mitten auf der Erde sichtbar erschienen. Dann hat sicher das Bild des abgehauenen Baumes, der wieder ausschlägt, Einfluss auf den Christbaum gehabt. Die adventliche Verheißung aus dem Buch des Propheten Jesaja, dass aus dem Baumstumpf Isais ein Reis hervorsprießt, wird hier bildlich dargestellt. Gerade dort, wo ich gescheitert bin, wo etwas in mir abgeschnitten wurde, wo ein Weg nicht mehr weiter ging, da schenkt mir die Geburt Christi die Gewissheit, dass etwas Neues in mir aufbricht, dass etwas in mir heranwächst, was authentischer und schöner wird als alles Bisherige. Der Christbaum ist ein Bild dafür,

dass durch die Geburt Christi das Leben in uns für immer siegt und sich durch keine Winterkälte verdrängen lässt.

Die Tannenzweige des weihnachtlichen Schmuckes verbreiten einen eigenartigen Duft. Wenn ich diesen Tannengeruch rieche, dann kommen Gefühle hoch, die ich als Kind an Weihnachten hatte. Da ist dann eine Ahnung, dass unser Haus, dass mein Zimmer durch die Geburt Christi anders geworden ist, dass Gott mir nahe gekommen ist und er in meinem Hause, in meinem Zimmer wohnt. Und seine Nähe verbreitet einen Duft von Heimat und Geborgenheit, von Zärtlichkeit und Liebe. Es ist keine Nostalgie, die durch diesen Weihnachtsduft aufsteigt, sondern die Ahnung, dass Gott, das Geheimnis, selber unter uns wohnt. Und weil das Geheimnis unter uns wohnt, können wir in unserem Hause daheim sein. In der Tanne stellen wir die Wirklichkeit des Waldes, ja der Natur und der ganzen Schöpfung in unser Haus. Da wird der Zwiespalt von Natur und Zivilisation aufgehoben, da ahnen wir, dass wir auch in unseren Häusern teilhaben an der Kraft, die aus der Mutter Erde strömt. Durch die Menschwerdung Gottes wurde die ganze Schöpfung geheiligt.

Anselm Grün

Und was haben Sie für einen Weihnachtsbaum?

Ehrlich gesagt, wenn Sie diesen Text am 19. Dezember lesen und bis heute noch keinen Weihnachtsbaum haben, dann haben Sie ziemlich schlechte Karten. Nicht, dass die Händler keine Tannen oder Fichten mehr hätten, aber die Prachtexemplare sind garantiert schon lange ausverkauft. Das, was jetzt noch auf den Christbaummärkten zu finden ist, das sind die Bäume, die keiner wollte: Ein bisschen krumm gewachsen, an einer Stelle fehlt eindeutig ein Ast, und die Nadeln könnten ja auch ein bisschen dichter sein. Und ob er wirklich noch so ganz frisch ist?

Vor einigen Jahren verbrachte ich mit einer Gruppe ein Adventswochenende. Und dabei wurde uns der Gedanke wichtig, dass Gott sich in einem Kind klein macht, um zu uns Menschen zu kommen, so wie wir sind, mit all unseren Fehlern, all unseren Unzulänglichkeiten, mit all dem, was an uns schief und krumm ist. Und gerade das ist ja das Befreiende unseres Glaubens – dass wir eben nicht perfekt sein müssen, damit unser Gott zu uns kommt. »Ja«, sagte da plötzlich eine Teilnehmerin nachdenklich, »Gott kommt zu uns in unsere Unvollkommenheit – und was

machen wir? Wir suchen den perfekten Weihnachtsbaum!« Wir anderen schwiegen einen Moment völlig verblüfft ob dieser kühnen Gedankenverbindung – aber da sprach sie auch schon weiter: »Und was ist mit den Bäumen, die ein bisschen schief sind oder ein wenig ungleichmäßig? Oder denen ein Ast fehlt? Oder …? Dürfen die denn nie Weihnachtsbaum sein?«

Kurz und gut – wir erklärten uns kurzerhand solidarisch mit all den Weihnachtsbäumen, die niemand wollte und vereinbarten, in dem Jahr einen Baum »mit Macke« zu kaufen. Entschlossen ging ich einige Tage später zu einem Christbaummarkt in Alzey. Der Händler kam schon auf mich zu und fragte eifrig: »Was für einen Baum hätten Sie denn gerne?« Ich überlegte nicht lange und sagte: »Einen Baum mit Macke!« – »Wie bitte?«, fragte der Händler ungläubig zurück. »Na ja, einen Baum mit irgendeinem Fehler halt!« Er machte vorsichtshalber einen Schritt zurück – man konnte ja nie wissen. Ich sah mich jetzt doch etwas im Erklärungsnotstand, erzählte von unserem Kurs und der Idee – mit dem Ergebnis, dass der Händler noch einen Schritt zurücktrat, mich nachsichtig anschaute und sagte: »Wissen Sie, da vorne gibt es noch

einen Christbaummarkt, vielleicht fahren Sie da mal hin – die haben eine größere Auswahl!«

Etwas belämmert zog ich ohne Baum ab, aber man ist ja lernfähig. Beim nächsten Händler ging ich vorsichtiger vor. Als er mich nach meinen Wünschen fragte, sagte ich, vollkommen den Regeln gemäß: »Eine Nordmanntanne!« Er zeigte mir mehrere Bäume, und als er beim vierten schließlich sagte: »Aber dem fehlt ein Ast, den können Sie nur in eine Ecke stellen!«, stand meine Entscheidung fest: Das war mein Baum! Und mit dem zog ich auch ganz zufrieden nach Hause.

Seit der Zeit habe ich sehr bewusst jedes Jahr einen Weihnachtsbaum »mit Macke«. Mal ist er ein bisschen krumm, mal fehlt ein Ast – oder er hat sogar zwei Spitzen. Ich finde gerade das apart – und es macht mir diesen Baum jeweils sehr sympathisch. Einen perfekten Baum kann schließlich jeder haben, der sich früh genug auf den Weg macht – aber diese perfekten Bäume finde ich inzwischen genauso langweilig wie perfekte Menschen.

Und manchmal, am ersten Weihnachtsfeiertag zum Beispiel, abends nach der Vesper, da mag es sein, dass ich in meinem Wohnzimmer bei einem Glas Rotwein sitze,

mir meinen »unperfekten« Weihnachtsbaum anschaue und denke: Ja, gerade Weihnachten ist die Botschaft, dass wir nicht perfekt sein müssen. Gott kommt uns mitten in unsere Unvollkommenheit entgegen, ja kommt sogar in einem Stall zur Welt, wird Kind – und er liebt uns trotzdem. Oder manchmal vielleicht sogar gerade deswegen?

Und wenn mich mein Weihnachtsbaum »mit Macke« ab und an daran erinnert, dann ist mir das wichtiger als Schönheit und Vollkommenheit.

Andrea Schwarz

Die Lichter am Christbaum

Mit dem Entzünden der Kerzen am Weihnachtsbaum leuchtet die Freude am Christfest in uns hinein. Möge uns das Herz aufgehen in der Erwartung darauf, dass das Geschenk der Liebe sich in uns entfalten und unsere Seele mit tiefem Glück durchdringen will. Wir dürfen darauf vertrauen, dass wir von Tag zu Tag, von Nacht zu Nacht, von einem lichten Stern begleitet werden.

Christa Spilling-Nöker

20

Engel

Von der Zumutung der Engel

Immer wieder tauchen in den Weihnachtsgeschichten Engel auf. Das Wort »Engel« kommt von dem Wort *angelus* – und das bedeutet »Bote«. Die Engel sind Boten zwischen Gott und den Menschen, zwischen Himmel und Erde. Aus der Liebe Gottes heraus sind sie den Menschen verbunden – und vertreten doch zugleich den Anspruch Gottes. Sie verbinden diese beiden Sphären, ohne sie dabei aufzuheben. Sie nehmen dem Menschen das Handeln nicht ab, aber sie stehen ihm mit Rat und Tat zur Seite ... Ein Engel ist einer, der mich auf meinem Lebensweg begleitet, der mir aber das Selber-Gehen nicht erspart.

Engel sind Mittler zwischen den Welten – und immer dann und dort, wo diese andere Welt in unsere Welt hineinbricht, wir uns von dieser anderen Welt berühren lassen, könnten wir eigentlich von Engeln sprechen, die diese

Begegnung, diese Berührung verkörpern. Mit den Engeln, diesen Boten Gottes in unsere Welt, haben wir ein Bild, mit dem wir unsere Erfahrungen mit dieser anderen Welt bruchstückhaft in Sprache fassen können. Damit aber müssen wir Abschied nehmen von unseren herkömmlichen Bildern von Engeln. »Es müssen nicht Männer mit Flügeln sein, die Engel«, so sagt es *Rudolf Otto Wiemer*. Und dann kann *Rainer Maria Rilkes* Aussage durchaus schon wieder stimmen: »Ein jeder Engel ist schrecklich!« Es mag seinen Grund haben, dass Engel den Menschen immer mit dem Gruß »Fürchte dich nicht!« begrüßen. Sie muten uns diese andere Welt zu, sie künden von Gott, sie ringen mit dem Menschen um Ziel und Weg, in Gottes Namen – und sind zugleich so diskret und dezent, dass sie sich zurückziehen, wenn wir ihnen keinen Platz in unserem Leben einräumen. Und deshalb ist durchaus eine Entscheidung angesagt – meine Entscheidung: Will ich dem Engel wirklich eine Chance in meinem Leben geben? Will ich wirklich, dass diese andere Welt meine Welt berührt, ja vielleicht sogar in sie einbricht?

Andrea Schwarz

Der Glanz des Engels

Die Hirten auf den Feldern von Betlehem hören nicht nur die Botschaft des Engels. Sie dürfen ihn auch schauen. »Da trat der Engel des Herrn zu ihnen, und der Glanz des Herrn umstrahlte sie« (Lukas 2,9). Die Hirten werden geblendet vom Glanz des Engels. Sie sehen nicht die Gestalt des Engels, sondern den Glanz, den er verbreitet. Sie werden eingehüllt in das helle Licht des Engels. Sie sehen nicht etwas Bestimmtes, das sie genau beurteilen könnten. Ihre Augen werden vielmehr erleuchtet. In ihnen wird alles hell. Mitten in der Nacht blicken sie durch. Sie schauen das Geheimnis Gottes und das Geheimnis der Welt. Ihre Augen öffnen sich und sehen das Licht Gottes mitten in der Nacht ihres Lebens. Ihre Nacht wird verwandelt. Gottes Licht leuchtet in ihrer Finsternis. In diesem Licht schauen sie schon ihre Erlösung. Sie müssen nicht mehr im Dunkeln tappen wie die Blinden. Ihre Augen haben sich aufgetan. Sie können das Eigentliche erkennen, dass Gott bei ihnen ist, dass Gott ihnen seinen Engel gesandt hat, dass Gottes Licht stärker ist als alle Finsternis.

Der Engel darf auf keiner Weihnachtsdarstellung feh-

len. Er verleiht dem schlichten Geschehen einen göttlichen Glanz. Er deutet uns, was da in dieser schlichten Geburt eines Kindes in der Krippe geschehen ist. Täglich werden Kinder geboren. Und oft genug in ähnlich ärmlichen Verhältnissen wie damals im Stall von Betlehem. Erst der Engel taucht dieses alltägliche Geschehen in einen göttlichen Glanz. Weihnachten ist keine Idylle, nach der wir uns immer wieder zurücksehnen, weil sie uns etwas vom Zauber der Kindheit verheißt. Weihnachten, so zeigt uns die Szene des Engels bei Lukas, geschieht mitten in unserem Alltag, dort, wo wir unsere Arbeit verrichten, dort, wo wir bei unseren Herden lagern, wo wir das behüten, was Gott uns anvertraut hat, wo wir achtsam und sorgfältig tun, was uns aufgetragen ist. Aber wenn wir wie die Hirten wachen, wenn wir den Schlaf unserer Illusionen aufgeben, wenn wir aufwachen zur Wirklichkeit, dann könnten auch wir den Engel wahrnehmen, der unseren Alltag begleitet. Der Engel des Herrn will uns deuten, was da Tag für Tag an uns geschieht … Unsere Arbeit, unsere Beziehungen, unsere Sorgen und Mühen, das ist Realität. Aber dahinter leuchtet der Glanz Gottes. Gott ist in uns geboren.

Anselm Grün

Vom Engel, der aus allen Wolken fiel

Der kleine zierliche Engel Nathanael entsprach in seinem Wesen ganz seinem Namen. Er war wahrhaftig ein Gottesgeschenk, stets aufmerksam und besonders liebevoll im Umgang mit seinen Mitengeln, eifrig im Gebet und mit einer wundervollen klaren Stimme begabt, die die himmlischen Gesänge vollendeten. Heute aber hatte Nathanael Sorgen. Er spürte dort, wo die Flügel saßen, einen drückenden Schmerz und das ausgerechnet am Heiligen Abend. Natürlich wusste er, dass es auf der Erde viele Menschen gab, die über Rückenschmerzen klagten, aber so etwas durfte es doch unter Engeln nicht geben. Langsam und ganz in Gedanken versunken wandelte er in den Nachmittagsstunden über eine Wolke. Ob er sich einem Erzengel anvertrauen sollte? Aber er wollte den anderen nicht die gute Laune und Festtagsstimmung verderben. Während er so hin und her überlegte, nahm er nicht mehr wahr, dass er am Ende der Wolke angekommen war. Er verlor das Gleichgewicht und stürzte in rasender Geschwindigkeit ins Bodenlose.

»Bautz« machte es, als Nathanael unsanft auf die Erde

prallte. Er sah nur noch Sterne und dachte für einen Augenblick, dass er noch im Himmel sein müsse, doch die Schmerzen am Hinterkopf holten ihn schnell in die Wirklichkeit zurück. Er versuchte, aufzustehen und dabei seine Gewänder zu ordnen, als auch schon eine Frau angelaufen kam. »Danke, lieber Gott«, flüsterte sie mit strahlendem Gesicht. Gerade noch hatte sie darum gebetet, zu Weihnachten möge ihr ein Engel zur Seite stehen, als Nathanael auch schon vor ihrem Haus gelandet war. So prompt ist bisher keines meiner Gebete erhört worden, dachte sie, und nahm den verwirrten Engel mit ins Haus. »Du bist auf deiner Reise vom Himmel zur Erde sicher lange unterwegs gewesen. Ich mache dir erst einmal etwas zu essen. Du kannst dich hier im Bad ja ein wenig frisch machen.« Mit diesen Worten wies sie ihm den Weg zum Badezimmer und verschwand selbst in der Küche.

Nathanael hatte noch nie in seinem Leben ein Badezimmer gesehen und war angesichts der vielen glänzenden Knöpfe leicht überfordert. Schließlich wagte er, an einem zu drehen, und spürte zu seiner Überraschung, wie ein kühles, klares Nass über seine Hände lief. Instinktiv hielt er auch den Kopf darunter und spürte zu seiner Erleich-

terung, wie sich der Schmerz langsam linderte. Haare und Heiligenschein tropften noch, als er schon zum Essen gerufen wurde. Vorsichtig tupfte er sich mit einem der weichen Tücher trocken und setzte sich auf den Platz, wo schon ein Teller mit knuspriger Gänsebrust neben Klößen und Rotkohl auf ihn wartete. Es duftete ungewohnt, aber verlockend gut. Da er vom Himmel nur Manna und Honig gewohnt war, schaute er zunächst argwöhnisch. Doch sein Hunger war zu groß, und bald schaute er zu, wie seine Gastgeberin mit Messer und Gabel umging, und tat es ihr gleich. Zum ersten Mal in seinem Engelleben aß er Fleisch. Er musste sich erst an den fremden Geschmack gewöhnen, fand das Essen aber mit jedem Bissen köstlicher und putzte mit ungebremstem Appetit schließlich den ganzen Teller leer.

»Willst du dich jetzt ein wenig ausruhen?« Ich mache dir schnell das Gästezimmer fertig.« Für einen Engel muss schon alles ganz besonders schön sein, dache die Frau und kramte die neue Bettwäsche hervor. Die ist so kuschelweich, da wird er sich wohlfühlen wie daheim auf seiner Wolke. Aber als Nathanael sich hinlegen wollte, spürte er, dass ihm das mit seinen Flügeln nicht so recht gelingen

wollte. Also bat er die Frau, ihm diese ohnehin drückenden Dinger abzunehmen. Seinen Heiligenschein legte er auf den Nachttisch. Er zog das hellblaue Nachthemd über, das er unter der Bettdecke fand, stellte sich vor den Spiegel und staunte nicht schlecht über sein verändertes Aussehen. Er hatte zwar noch nie einen Spiegel gesehen, aber da im Himmel alle Engel einander ähnlich sahen, hatte er stets geahnt, wie er sich sein Aussehen vorstellen musste. Von all den neuen Eindrücken müde geworden, schlief er schnell ein und träumte davon, dass die anderen ihn im Himmel auf allen Wolken suchten. Doch als er eine Stunde später ausgeruht erwachte und im Haus wieder so ungewohnt herrliche Düfte wahrnahm, vergaß er seinen Traum und begab sich ins Wohnzimmer, wo heißer Tee mit Kandis auf ihn wartete. Dazu gab es Christstollen und Zimtsterne. Auf dem kleinen Ecktisch standen mit silbernen und goldenen Sternen verzierte Tannenzweige, darunter brannten Kerzen.

Eine Weile hörte man nichts als das Knistern von Holz im Kamin: Mit dem Blick auf die Flammen begann die Frau allmählich leise, von ihrem Kummer zu erzählen, der sie bewegt hatte, die Nähe eines Engels herbeizusehnen.

Nathanael hörte zu. Stundenlang. Als sich die Frau all ihre Not und ihre Sorgen von der Seele geredet hatte, begann Nathanael mit seiner göttlichen Stimme ein Benedictus vorzusingen, in dem all ihre Schmerzen aufgehoben wurden. Tiefer Frieden durchwob ihre Seele, so dass sie einschlief. Nathanael trug sie behutsam ins Schlafzimmer, legte sie auf ihr Bett, ohne dass sie erwachte, ging zurück ins Wohnzimmer und löschte die Kerzen. Verstohlen naschte er noch ein Stück Marzipan von dem bunten Teller und ließ diese wundervolle Süßigkeit in seinem Mund genussvoll zergehen. Allmählich dämmerte ihm, weshalb einige Engel gelegentlich ganz gern einmal auf der Erde ihren Dienst taten.

Als die Weihnachtstage vorüber waren, meinte Nathanael, dass er gern einmal in die Stadt gehen würde. »In deinem Engelsgewand kannst du dich aber da nicht blicken lassen«, sagte die Frau und legte ihm Jeans und einen wollenen Pullover von sich hin. Steht mir, dachte Nathanael, als er sich im Spiegel betrachtete. In eine dicke Steppjacke gehüllt und seine blonden Locken unter einer Pudelmütze verbergend, begab er sich in Richtung Marktplatz, wo viele Menschen umherliefen, einige, um die neuen

Schaufensterdekorationen für Silvester zu bewundern, andere, um ihre Weihnachtsgeschenke umzutauschen. So menschlich Nathanael auch ohne Flügel und Heiligenschein in seinen Jeans aussah, hatte er doch nicht die Rechnung mit seiner lichtvollen Ausstrahlung gemacht, durch die er immer noch als Engel identifiziert wurde. So hörte er schon bald in einem Autoradio die Nachricht dröhnen: »Bitte fahren Sie vorsichtig, in der Hauptstraße kommt Ihnen ein Engel entgegen!« Überall staunten die Menschen über ihn und drängten sich danach, ihn zu berühren. Und das Wunder geschah: Das Herz eines jeden Menschen, der ihn auch nur im Geringsten angetastet hatte, wurde von lichtem Glanz und heilvollem Frieden durchwebt, er fühlte sich getröstet und in sich selbst geborgen und ahnte darin Spuren göttlichen Lichts.

Nathanael war von all den vielen neuen Eindrücken müde und erschöpft, als er wieder zu seiner Gastgeberin zurückkam. Zudem machte sich allmählich ein schlechtes Gewissen in ihm breit. Er hatte das himmlische Weihnachtssingen versäumt und würde mit einer dicken Strafe rechnen müssen. Wohl oder übel musste er jetzt zum Himmel zurück, um die Sache nicht noch schlimmer zu

machen, als sie ohnehin schon war. Doch die Frau empfing ihn wieder so herzlich mit Tee und Gebäck, dass er die Umsetzung seines eben gefassten Entschlusses noch ein wenig aufschob. Auf eine Stunde mehr oder weniger kommt es jetzt auch nicht mehr an, dachte er. Bedrückt zog er sich in sein Zimmer zurück – und erstarrte vor Schreck.

Seine Flügel waren um die Hälfte geschrumpft und der Heiligenschein war kaum größer als eine Untertasse. Mit den kleinen Flügeln komme ich nie mehr nach oben, und mit dem Heiligenschein mache ich mich vor allen anderen Engeln mehr als lächerlich. Er stöhnte so laut auf, dass die Frau erschrocken in sein Zimmer kam. Mit einem Blick erfasste sie die Situation. »Schlaf jetzt erst einmal«, tröstete nunmehr sie ihn, »vielleicht ist morgen ja alles wieder in Ordnung. Es war ein Wunder, dass du mir vom Himmel gefallen bist, warum soll sich für dich kein Wunder ereignen?« Diese Worte leuchteten Nathanael ein. Aber er fand in der Nacht keine Ruhe. Alle Stunde wachte er auf, knipste das Licht an und wartete auf das Wunder. Doch vergebens. Es kam sogar noch schlimmer. Am kommenden Morgen waren die Flügel sowie der Heiligenschein

vollends verschwunden. Beim Frühstück bekam er kaum einen Bissen herunter. Was sollte er jetzt tun?

Er zog sich wieder die dicke Winterjacke an, setzte sich die Pudelmütze auf, wickelte sich einen Schal um den Hals und schlich bedrückt aus der Stadt hinaus. Die schneebedeckten Felder und Tannenhaine glitzerten im Sonnenlicht, dann und wann vernahm er den Schrei einer Krähe. Wie schön die Erde ist, dachte er, während er durch den Schnee wanderte. Je länger er ging, umso ruhiger wurde er. Wäre er denn überhaupt gern in den Himmel zurückgekehrt? Die Weihnachtstage auf der Erde, die Gastfreundlichkeit der Frau, das herrliche Essen hatten ihm sehr gut gefallen. Und wenn das Wunder darin bestand, dass er hier bleiben durfte?

Vielleicht hatten ihn die Flügel deshalb so gedrückt, weil der Himmel gar nicht der richtige Ort für ihn gewesen war. Dieser Gedanke stimmte ihn wieder heiter. »Ja, so wird es sein, es ist meine Bestimmung, unter den Menschen zu bleiben und sie mit meiner heilvollen Nähe zu trösten, so wie ich am Heiligen Abend den Kummer der Frau von ihrem Herzen hatte nehmen können«, flüsterte er leise vor sich hin.

Wenn dir einmal ein Mensch in deiner Not beisteht und dir einen inneren Frieden zurückgibt, so dass du einen neuen Anfang wagen kannst, dann darfst du gewiss sein, dass dir ein Engel begegnet ist. Selbst wenn er eine Steppjacke, Jeans und eine Pudelmütze trug.

Christa Spilling-Nöker

Friedensengel

Die große Sehnsucht der Menschheit: eine Welt ohne Krieg. Täglich erfahren wir, dass gekämpft wird: um die Macht im Staat, um die Wählerstimmen, um den Arbeitsplatz, um den Umsatz, um eigene Vorteile, eigene Interessen. Es geht auch anders. Es gibt auch Menschen, die unter allen Umständen Respekt bewahren vor der Würde eines jeden Menschen, auch der Andersdenkenden und Andersglaubenden. Es gibt auch Menschen, die nicht Feindschaft schüren, sondern Freundschaft schließen; die verbinden und nicht auseinanderreißen, die gute Worte mit guten Taten verbinden.

Solche Menschen sind Friedensengel.

Engel haben gute Augen, sie sehen die Not der Menschen, besonders auch die verborgene. Engel haben gute Ohren, sie können zuhören und achten auch auf das unausgesprochene Leid. Engel finden die richtigen Worte, die trösten und Mut machen.

Engel sind Wegweiser. Sie gehen mit Engelsgeduld vor.

Das Land braucht viele Friedensengel.

Phil Bosmans / Ulrich Schütz

21

Nacht

»Ich glaube an Nächte«

Die Nacht ist die Zeit der Konzentration, des Sammelns. Nicht länger abgelenkt von den zahlreichen Außeneindrücken des Tages, kann ich mich neu auf das Wesentliche besinnen. Die Nacht, das ist die Zeit, in der ich lassen kann. Das ist die Zeit, in der Fragen unbeantwortet bleiben, aber vielleicht einer Antwort entgegenwachsen. Das ist die Zeit, in der ich warte und offen bin für eine unerwartete Anfrage Gottes. Das ist die Zeit, in der ich ins Hören komme …

Das Wesentliche kann hervortreten, von Äußerlichkeiten befreit. Erst dann kann Weihnachten wirklich in mir geschehen, kann Gott in mir zur Welt kommen.

Die Flucht in Aktivität und grelle Lichter mag diese Sehnsucht für einen kurzen Moment betäuben, rastloses Beschäftigtsein mag die Stille verhindern, in der mich die

Stimme Gottes erreichen könnte. Aber all das wird den Hunger nicht wirklich stillen – es bleibt die Sehnsucht und das Ahnen.

Eine solche Sehnsucht kann unruhig machen. Sie ist Heimweh nach einer noch nicht erfahrenen Heimat, von deren Vorhandensein ich nur ahne; sie ist Lust am Anderen, die mich aufweckt und aufrüttelt aus meinem Alltag, mich aus dem Gewohnten herausholt; sie ist die dunkle Hoffnung, dass es noch mehr geben mag als das, was ich erlebe, erfahre, spüre.

Eine solche Sehnsucht kann nur im Dunkel wachsen, in Zeiten, in denen ich mich dem Dunkel hingebe, es zulasse, mich loslasse.

Rainer Maria Rilke sagt es schlicht und einfach und zugleich voll Vertrauen: »Ich glaube an Nächte.«

Ja – weil in ihnen die Sehnsucht geboren wird.

Andrea Schwarz

Weihe-Nacht

Die Nacht ist von alters her angstbesetzt. Kinder haben Angst vor der Nacht, vor der Dunkelheit, in der sie sich allein gelassen fühlen. In der Antike hatte man Angst vor dem Bösen, das in der Nacht umherschleicht, vor Räubern und Wegelagerern, die die Gegend unsicher machen, vor Dämonen, die nachts in den Träumen ihr Unwesen treiben. Mehr noch: In der Nacht traut man seinem eigenen Herzen nicht. Da fürchtet man sich davor, dass die Dämonen das Herz besetzen und einen zu Taten drängen, deren man sich am Tag schämen würde.

Heute können wir durch einen Knopfdruck die Nacht zum hellen Tag werden lassen. Aber dennoch steckt auch in uns noch die Angst vor der Dunkelheit der Nacht. Die Nacht ist auch ein Bild geworden für einen spirituellen Zustand. *Johannes vom Kreuz* spricht von der dunklen Nacht der Seele, durch die der Mensch auf seinem geistlichen Weg hindurch muss. In dieser Nacht ist Gott ihm ferne. Er spürt ihn nicht.

Gerade weil die Nacht etwas so Gefährliches und Bedrohliches ist, haben die Menschen seit je versucht, die

Nächte in etwas Heiliges zu verwandeln. Weihnachten hat ihren Namen von der »Geweihten Nacht«. Schon die Germanen kannten die geweihten, die heiligen Nächte. Für sie waren es die Mittwinternächte. Mitten im Winter, wenn die Nächte am längsten dauern, haben sie die Nacht den Göttern geweiht und die Götter gebeten, sie sollten die gefährlichen Nächte heilen, so dass sie nicht mehr Unglück bringen, sondern Heil, Glück, Gesundheit, Rettung. Das deutsche Wort »heilig« meint nicht nur heil und ganz, sondern geht vermutlich auf die Vorstellungsinhalte von »Zauber, günstiges Vorzeichen, Glück« zurück. Wenn man die Nächte weihte, wollte man sie verzaubern, dass sie Glück bringen.

Die Christen im germanischen Raum haben daher das Geheimnis der Geburt Christi mit dem bei ihren Vorfahren üblichen Wort der »Weihnacht« am besten auszudrücken vermocht. Wenn Christus mitten in der Nacht geboren wird, dann wird unsere Nacht wirklich verzaubert, dann wird sie zu einer glückbringenden Nacht, zu einer »Weihe-Nacht«.

Daher ist es verständlich, wenn im germanischen Bereich Weihnachten sich tiefer in die Herzen eingegraben

hat als Ostern, das doch das höchste christliche Fest ist. Offensichtlich wurde mit dem Bild der »Weihe-Nacht« eine befreiende und heilende Antwort auf die Angst der Germanen vor ihren dämonischen Nächten gegeben. Christus hat ihre Nacht verwandelt, da er als Licht die Nacht für immer erleuchtet.

Halte das Licht von Weihnachten bewusst in deine Nacht, in die Nacht deiner Depression, in die Nacht deiner Sinnlosigkeit, in die schlaflosen Nächte, da du dich nach dem Morgen sehnst. Und stelle dir vor, dass auch deine Nacht zur Weihe-Nacht wird, zur geweihten Nacht, zur heiligen Nacht. In deiner Nacht will Christus zu dir kommen, um mit dir das Fest der Hochzeit, das Fest deiner Ganzwerdung zu feiern.

Anselm Grün

Stille Nacht – Heilige Nacht

Stille Nacht – heilige Nacht
achtsam warten
leer werden von Erwartungen
sich tief erfüllen lassen
vom verbindenden Lebensatem Gottes

Stille Nacht – heilige Nacht
achtsam geschehen lassen
offen sein für das Entgegenkommen Gottes
im Dunkel meiner Zweifel
im aufmerksamen Mitfühlen mit allen Geschöpfen
im Staunen über den Sternenhimmel
im gastfreundlichen Teilen von Brot und Rosen

Stille Nacht – heilige Nacht
einfach da sein
achtsam in Erwartung sein
damit alles sich ereignen kann
in der Menschwerdung Gottes heute
Pierre Stutz

22

Gottesgeburt

Wir sind der Stall

Wir feiern die Geburt Christi in Betlehem, um daran glauben zu können, dass in uns göttliches Leben ist. Ohne dieses Fest würden wir das göttliche Leben in uns übersehen. Wir würden für das Leben halten, was nach außen hin sichtbar ist: unser Arbeiten, unsere Erfolge und Misserfolge, unser menschliches Miteinander, Anerkennung, Zuwendung, Liebe, unsere alltäglichen Freuden und Leiden. Wir würden daran vorbeisehen, dass in uns Gott selbst ist. Wir brauchen viele Symbole, um gegen die Macht der Fakten an das Geheimnis zu glauben, dass Gott in unsere Welt gekommen ist. Wir stellen Christbäume auf, zünden Kerzen an, wir singen Weihnachtslieder, die in Bildern das Geheimnis der Menschwerdung künden und in ihren trauten Melodien etwas davon vermitteln, dass unsere Welt anders geworden ist durch Gottes Kom-

men, dass wir uns in ihr ein Stück weit zu Hause fühlen können. Und wir singen diese Lieder, um in uns neue Möglichkeiten zuzulassen: Liebe, Zärtlichkeit, Staunen-Können, Ergriffenwerden, Fühlen-Können. Wir besingen das göttliche Kind in der Krippe, um in uns selbst die Möglichkeiten eines Kindes zu entfalten: das Spontane und Unverfälschte, die Lebendigkeit und Echtheit, das Unverbrauchte und Unverdorbene …

Der Gedanke von der Gottesgeburt im Menschen durchzieht die Schriften der deutschen Mystiker. Nach *Johannes Tauler* sind alle Leiden dieser Zeit nur die Geburtswehen für die Geburt Gottes in unserer Seele. Und für *C. G. Jung* ist die Gottesgeburt im Menschen das Ziel der menschlichen Selbstwerdung. Wenn Gott im Menschen geboren wird, dann kommt er von dem kleinen Ich weg zu seinem eigentlichen Wesen, zum Selbst … Wir dürfen die Gottesgeburt nicht missverstehen, so als ob wir über Gott verfügen können. *C. G. Jung* sagt, der Mensch soll immer wissen, dass er nur der Stall ist, in dem Gott geboren wird.

Wir sind nicht ein Palast, der für die Aufnahme Gottes bereit ist. Wir verdienen es nicht, dass Gott in uns ist. Wir können es uns auch durch Askese oder Gebet oder Medi-

tation nicht verdienen. Wir sind immer nur der Stall. In diesem Stall liegen Mist und Unrat. Wir brauchen das Unreine in uns nicht zu verdrängen. Wir werden von Gott dadurch gewürdigt, dass er trotzdem in uns wohnen will. Aber wir brauchen die Feier von Weihnachten, um daran glauben zu können. Denn von uns her können wir nicht dran glauben. In uns sehen wir oft nur das Dunkle, das Durcheinander, die Grenzen und Schwächen. Wir erleben uns oft weit weg von Gott.

Da muss uns ein Fest vor Augen führen, dass Gott in der Krippe im Stall geboren wird … Und wir brauchen die Lieder und Kerzen, um daran glauben zu können, dass die Geburt Gottes in uns neue Saiten zum Klingen bringen kann.

Anselm Grün

Gottes Geburt

Weihnachten findet nicht statt in den großen Palästen, umgeben vom Pomp der Uniformen, oder bei den Beamten, die Gott verwalten. Es findet in *Betlehem* statt, (das heißt auf Deutsch) im »Haus des Brotes«, im Stall, im Alltag.

Weihnachten ereignet sich in der Einfachheit des Lebens, eingebunden in die Schöpfung und den Kosmos. Weihnachten ist nicht zu kaufen und zu haben, sondern jeden Tag neu im Werden.

Darum verwenden mystische Menschen wie *Meister Eckhart* und *Johannes Tauler* als Bild der Menschwerdung die »Gottesgeburt im Seelengrund«. Die Geburt Gottes in jedem Menschen, als Prozess, als dynamische Entwicklung, die sich jeden Tag ereignet, wenn wir dieser Wirklichkeit Raum und Achtsamkeit schenken. Hier begegnen wir unserer tiefsten Sehnsucht: Gott im Herzen von allem zu suchen, zu erahnen, zu ertasten, zu kosten, zu feiern.

Weihnachten entgegengehen bedeutet, diese befreiende Wirklichkeit der Gegenwart Gottes in allem Tag für Tag zu verinnerlichen. Ein wunderbares Paradox, das wir

erfahren können: Auch in dem, was uns immer wieder daran hindert, unserer Sehnsucht zu trauen, können wir Gottes befreiende Wirklichkeit erfahren. Die Geburt Gottes ereignet sich in uns, wenn wir lernen, auch unsere Schattenseiten zu integrieren, ohne darin gefangen zu sein! Darin liegt der Sinn unseres Lebens, der Zuspruch und die Herausforderung, die Verheißung und die Verantwortung ... Darin liegt die Erneuerung des gemeinsamen Feierns unserer Sehnsucht, zu dem auch Ungereimtes und Unerlöstes gehören dürfen.

Denn Gottes Ja zum Menschen, wie dies in Jesus sichtbar und spürbar wird, will uns nicht zu angepassten Kindern machen, sondern eigenständige Wesen werden lassen, die aus Selbstbewusstsein heraus solidarisch sind mit anderen Menschen und aller Kreatur.

Pierre Stutz

Das andere Fest

Ich habe
auf das Licht gewartet

aber vielleicht
ist das Warten
schon das Licht

ich habe
auf die Erfüllung gewartet

aber vielleicht
ist die Sehnsucht
schon die Erfüllung

ich habe
auf die Freude gewartet

aber vielleicht
waren die Tränen
schon Zeichen des Lebens

ich habe
auf Gott gewartet

und ein Kind
kommt zur Welt

Andrea Schwarz

Gott wird neu geboren

Der Stall von Betlehem wird zum Hoffnungsort, auf den Engel hinweisen und der Menschen in ihrer Tiefe anspricht und anzieht. Abseits der Metropole ereignet sich, wonach wir uns mit Leib, Geist und Seele sehnen, die Kraft des Seins und Werdens. Niemand ist zu haben, als interessantes Objekt zu sehen, sondern alle sind im Werden.

Auch Gott ist nicht zu haben, sondern das göttliche Kind verweist uns auf die Kraft des Werdens. *Meister Eckhart* lädt ein zu diesem befreienden Menschen- und Gottesbild:

»Die Leute wähnen, Gott sei nur dort (damals in Betlehem) Mensch geworden. Dem ist nicht so, denn Gott ist hier (und jetzt) ebenso wohl Mensch geworden wie dort, und er ist aus dem Grunde Mensch geworden, dass er dich als seinen eingeborenen Sohn gebäre und als nicht geringer.«

Dieses heilende Geschehen jener Nacht auf den Hirtenfeldern hat für uns Menschen eine zutiefst existenzielle Bedeutung nur, wenn es sich in unserer Seele wiederholt. Um die brennenden Fragen unserer Zeit aushalten und verändern zu können, brauchen wir die Kraft der Wiederholung, indem wir uns das holen, was unsere Hoffnung

nährt. Nur so können unser Alltag, unsere Beziehungen, unsere Freizeit, unser Engagement aus der Kraft dieser heiligen Nacht belebt und erneuert werden.

Die Gottesgeburt in der Seele ist das Herzstück von *Eckharts* Mystik. Sie ist grundlegend für seine Ermutigung, mehr aus dem SEIN, aus Gott heraus zu leben und zu wirken. Darin liegt die große Würde einer jeden, eines jeden von uns. Darum ist das Leben von der Zeugung bis zur letzten Sekunde und über den Tod hinaus so kostbar und einmalig …

Gott wird neu geboren, wenn Menschen sich zärtlich begegnen, wenn Sterbende nicht alleine gelassen werden, wenn gewaltfreier Widerstand gewagt wird, wenn im Essen und Trinken die Nähe Gottes gekostet wird. Dies geschieht als Geschenk, als Gnade. Unsere Aufgabe ist es, alltäglich dieser Wirklichkeit, diesem Ereignis zu trauen, es erneut hereinzuholen in all unsere Lebensvollzüge.

»Gott gebiert seinen eingeborenen Sohn in dir, sei es dir lieb oder leid, ob du schläfst oder wachst. Er tut das Seine« (Meister Eckart).

Gott gebiert sich in dir im Lachen und Weinen, in der erotischen Kraft der Liebenden, im Durchbrechen der

Spirale der Gewalt in der Feindesliebe, im Genießen der Schöpfung, im fairen Austragen von Konflikten, im Mitgestalten an einer Welt, wo auch die Kleinen, Behinderten, Ausgegrenzten, Kranken, Flüchtenden ihren Platz haben, im Rückzug in die Stille, im schweigenden Mitsein. Unsere Hoffnung wird neu geboren, wenn wir im gemeinsamen Feiern vergegenwärtigen, was immer schon tiefste Wirklichkeit ist: Christus als Quelle des Lebens …

So ist die Botschaft der Geburt Gottes in der Seele nicht eine Erfindung von *Meister Eckhart*, sondern er stellt ins Zentrum seiner Mystik, was Jesus im Johannesevangelium im Gespräch mit Nikodemus verdeutlicht: Lebendig bleibt nur, wer immer wieder neu geboren wird (Johannes 3,1–13).

Der Glaube ist keine Lebensversicherung, keine Absicherung, sondern ein tägliches Hineinwachsen in die Kraft des Vertrauens in das Leben … Auch der Apostel Paulus aktualisiert diese Botschaft, wenn er mit anderen mitleidet, mithofft, »bis Christus in euch Gestalt gewinnt« (Galater 4,19). Diese mystische Aussage des tiefen Vereintseins mit Christus bringt er auch für sich existenziell auf den Punkt in den kraftvollen Worten:

»Nicht mehr ich lebe, sondern Christus lebt in mir« (Galater 2,20).

Das ist der tiefste Sinn unseres Lebens, immer mehr Raum zu schaffen, sich zu lösen von sich selber, damit die heilend-versöhnende Kraft Gottes uns zu Hoffnung beleben kann.

»Selig aber, wer immer aus Gott geboren wird. Nicht nur einmal, so möchte ich sagen, wird der Gerechte aus Gott geboren, sondern in jedem guten Werk wird er geboren, weil in diesem Werk Gott den Gerechten gebiert« (Origenes).

Pierre Stutz

Jedes Herz kann eine Krippe sein

Weihnachten ist der Durchbruch Gottes, der Durchbruch der Liebe in dieser Welt, die so dunkel und kalt ist, bis hin zu deinem Herzen. Das ist etwas Gewaltiges. In diesen Weihnachtstagen kann jeder Güte und Liebe aufnehmen. Auch du. Auch wenn du noch so arm bist, leer und kalt. So war doch auch die Krippe. Sie hatte nur einen Vorteil: Sie war offen. Das ist aber auch alles, was von dir verlangt wird in diesen Weihnachtstagen: offen sein!

Jede Verschlossenheit ist eine Form von Hass, eine Form davon, dass einer nicht annehmen will. Gott kommt nicht im Hass, nicht im Laster, nicht in Zank und Streit, nicht in Nörgelei, nicht in Neid und Verbitterung.

Gott wohnt einzig und allein in der Güte von Mensch zu Mensch, in der Vergebung, in der Versöhnung, im Verständnis füreinander, in Freundlichkeit und Nachsicht. Gott ist Liebe. Gott wohnt – in dir?

Jedes Herz kann eine Krippe sein, worin die Liebe geboren wird.

Phil Bosmans

23

Mensch werden

Der Durchbruch der Liebe

In der Menschwerdung Jesu kommt Gott, um sich für den armen Menschen einzusetzen, ja um mit ihm eins zu werden. Eins mit allen Vereinsamten und Leidenden, mit den Unterdrückten und Gescheiterten, mit den Tausenden von Minderjährigen, die kein Zuhause haben und denen liebevolle Zuwendung fehlt, mit der großen Gruppe der körperlich und geistig Behinderten, mit den Flüchtlingen und Asylsuchenden, den Arbeitslosen, den Menschen in Gefängnissen und Lagern und Slums.

Jesus ist gekommen, damit wir Menschen, ob alt oder jung, ob krank oder gesund, welcher Sprache, welcher sozialen Stellung und Bildung, welcher Herkunft und Hautfarbe auch immer, einander vertragen, einander helfen, einander gern haben und lieben.

Die Geschichte Gottes spielt sich zwischen Krippe und

Kreuz ab. Es ist die Geschichte von einem Mann ohne Macht und Reichtum, einem Wehrlosen, der verhöhnt und verfolgt, gefoltert und gekreuzigt wird, weil er für eine Botschaft der Liebe und Gerechtigkeit und der Versöhnung eintritt.

In Armut und Kälte ist einer in die Welt zu allen Menschen gekommen, der mit seinem ganzen Leben Licht und Wärme sein wollte. An einem Kreuz hat er die Welt wieder verlassen. Wenn du offen bist für das Geheimnis dieses Menschen, offen wie ein Kind, wirst du Licht empfangen und die Wärme spüren.

Was feiern wir an Weihnachten? Ein unglaubliches Geschehen: den Durchbruch Gottes, der Liebe ist, auf unserem kalten Planeten. Wir glauben an einen Gott, der Liebe ist und der will, dass seine Liebe überall auf Erden spürbar wird, wo Menschen leben, in ihren Häusern und auf ihren Straßen.

Das Geheimnis der Menschwerdung: Gott wollte Mensch werden in Jesus von Nazaret, um seiner Liebe Hand und Fuß zu geben und die Wärme eines Menschenherzens.

Phil Bosmans

Das Geheimnis von Weihnachten

Die Menschwerdung Gottes erzählt uns vom heruntergekommenen Gott. Gott lässt sich ein auf diese Welt, auf ihre Entwicklungskraft und auf ihre Begrenztheit. Gott wartet nicht die idealen Bedingungen ab, um seine Sympathie auszudrücken, sondern begibt sich an den Rand, um uns eine Mitte zu eröffnen. Diese Erkenntnis prägt meine Spiritualität. Spirituelle Menschen sind für mich Frauen und Männer, die sich einlassen auf das Leben. Menschen guten Willens, die nicht über den Dingen stehen, sondern sich verwurzeln, wachsen und reifen in dem, was das Leben ihnen entgegenbringt.

Ich warte also nicht ein Leben lang auf die große Erleuchtung, auf die idealen Möglichkeiten, um ich selbst zu werden, sondern ich traue der Kraft des Augenblicks, dem, was hier und jetzt ist, um mich zu entfalten und mitzugestalten an menschlicheren Strukturen, die auch das Eingebundensein in die Schöpfung einbeziehen.

Was in der Geburt Jesu sich verdichtet, möchte durch jeden Menschen verinnerlicht und angeeignet werden …

Pierre Stutz

Menschwerdung

Verheißung
ein Wort
Leben

neugierig
fremd
vertraut

lustvoll
mühsam
schmerzhaft

doch
nein
vielleicht

warum nicht
aber wenn
was dann

losgehen
probieren
fallen

und
wieder
aufstehen

Mensch
sein

Andrea Schwarz

Mensch werden – Liebe sein

Gott hatte einen Traum. Er träumte die Schöpfung. Und er schuf sie. Er schuf den Himmel und die Erde, die Blumen und Gräser, die Bäume und Wälder, die Berge und Hügel, die Flüsse und das Meer, die Fische und Vögel, die Insekten und die Säugetiere. Aber es fehlte Gott etwas an seinem Traum. Da träumte er den Menschen, der nach seinem Bild und Gleichnis geschaffen ist. Er schuf den Menschen als Mann und Frau. Doch der Mensch verdunkelte das Bild, das Gott sich von ihm gemacht hatte. Er entfremdete sich von Gott. Er lief vor Gott davon, aber auch vor sich selber. Er trennte sich von seinem eigenen Ursprung. Er verschloss die Türen seines Herzens und ließ Gott nicht mehr bei sich eintreten. Er gab nicht nur die Gemeinschaft mit Gott auf, sondern wandte sich auch gegen sich selbst und gegen seine Brüder und Schwestern. Er geriet auf Abwege und verstrickte sich im Dickicht seiner eigenen Lügen.

Da träumte Gott seinen Traum von neuem. Er träumte, wie der Mensch eigentlich gedacht war. Und er verwirklichte seinen Traum, indem er einen neuen Anfang setzte.

Er ließ seinen eigenen Sohn, das Bild seiner Herrlichkeit, Mensch werden. »Der Einzige, der Gott ist und am Herzen des Vaters ruht« (Johannes 1,18), er sollte Mensch werden und das Urbild des Menschen wiederherstellen. Er sollte den Menschen vor Augen führen, wie sie sein könnten, wenn sie aus der Einheit mit Gott heraus lebten. Er sollte sie an ihren göttlichen Ursprung erinnern, an den göttlichen Kern, den sie noch in sich trugen, aber den sie durch ihre Sünde verdunkelt hatten.

An Weihnachten feiern wir den Traum Gottes, wie er in Jesus Christus sichtbar geworden ist. Wir feiern den Menschen, wie er in seinem reinen Wesen in Jesus aufgeleuchtet ist. Der Titusbrief bringt das Geheimnis von Weihnachten zum Ausdruck in dem prägnanten Satz: »Erschienen ist die Güte und Menschenliebe Gottes, unseres Retters« (Titus 3,4). Das griechische Wort für Menschenliebe *(philanthropía)* übersetzten die Lateiner mit *humanitas*. In Christus ist die wahre Humanitas, das ursprüng-liche Bild des Menschen, erschienen. Und diese Menschlichkeit Gottes ist geprägt von Güte und Liebe.

Der Mensch, den Gott sich erträumt hat, spiegelt in seinem Gesicht Güte und Liebe wider. Er strahlt Milde und

Freundlichkeit aus. Er ist gut zu sich und den Menschen. Er glaubt an das Gute und lockt so den guten Kern in seinen Brüdern und Schwestern hervor. Er liebt nicht nur seinen Nächsten, seine Freunde und Bekannte, ja nicht nur seine Feinde. Er ist selbst Liebe. Sein Wesen ist: Liebe zu sein.

Anselm Grün

Das Gesicht Gottes

Gott ist Gott und bleibt Gott – der allmächtige, unbegreifliche, der starke Gott. Und doch: Dieser Gott ist so sehr Liebe, ist so sehr Macht und Kraft, ist so sehr Weisheit, dass er sich in Jesus Christus ohnmächtig, begreiflich und schwach macht. Eigentlich ist genau das die Glaubensaussage über den dreifaltigen Gott, der doch zugleich eines ist: Gott – Liebe – Mensch.

Gott bleibt dunkel und fern und unbegreiflich und allmächtig für uns – und er muss es sein und bleiben! Was wäre das für ein Gott, den wir Menschen verstehen könnten! Gott muss sich unserem Begreifen entziehen, wenn er Gott sein will …

Und doch ist dieser Gott zugleich so sehr Liebe, dass wir Menschen ihm nicht egal sind – er sehnt sich nach uns, wir liegen ihm am Herzen. Die Liebe ist eine Kraft, die erlösen kann, die Wunder wirken kann, die Menschen verändern kann. Durch diese Liebe, durch die Kraft seines Denkens, seines Wollens, kommt eine Kraft zu uns, kommt seine Kraft zu uns. Die Bibel hat dafür viele Bilder: der Engel, der uns Gottes Nähe zusagt, die Wolke, die Taube …

Aber wie will man das erklären, in Worte fassen, was da zwischen Gott und dem Menschen geschieht? Wir tun uns ja oft genug schwer, zu erklären und zu verstehen, was zwischen zwei Menschen geschieht – und dürfen doch mit erleben, wie oft da etwas geschieht. Und diese Liebe macht, dass Gott Mensch wird, sich in unsere irdische Begrenztheit mit hineinbegibt, solidarisch wird mit uns Menschen. Aus dem fernen, allmächtigen, starken Gott wird ein Mensch, der unsere Wege mit uns geht, der sich uns zugesellt in all unsere Verstiegenheiten und Verwirrungen hinein, der in unsere Dunkelheiten hineinkommt, der uns nahe kommt, ganz nah. Da ist einer, der unsere Schwachheit auf sich nimmt – und sie gerade deshalb nachfühlen kann. Da ist einer, der weiß, wie sich Schmerzen anfühlen – und der eben nicht nur nette Worte macht. Da ist einer, der weint und zornig ist, da ist einer, der von seinen Freunden verraten und verleugnet wird – und der weiß, was »wehtun« heißt.

Wir brauchen alle drei Seiten unseres Gottes: Wir brauchen den Gott, der sich unserem Verstehen entzieht – wen sonst sollten wir anbeten? Wir brauchen die Kraft, die über uns kommt, uns erfüllt – woraus sonst sollten wir leben?

Und wir brauchen die Solidarität dieses Gottes, der sich in unser Dunkel hineinbegibt, der das Mensch-Sein auf sich nimmt, damit es für uns leichter ist, Mensch zu sein. Wir brauchen den, der unsere Wege bedingungslos mit uns geht – wer sonst sollte mit uns gehen? …

An Weihnachten bekommt die unendliche Liebe Gottes zu uns Menschen Hand und Fuß und ein Gesicht – das Gesicht eines Kindes in der Krippe, das uns Menschen so sehr liebt, dass es bereit ist, für uns all die Schwachheit und Ohnmacht und schließlich den Tod am Kreuz auf sich zu nehmen.

Andrea Schwarz

24

Stern

Weihnachts-Stern

In einer der dunkelsten Nächte strahlt am Himmel ein Stern auf, der neue Wege erahnen lässt. Menschen, müde geworden und starr in ihrer alltäglichen Mühsal, werden bewegt, aufzubrechen und der Hoffnung nachzuspüren, die in ihrer Mühe geboren wird. Beschwingt und beflügelt wagen sie, sich auf Neues einzulassen. Es ist, als habe ein Engel sie sanft berührt.

Stern-Zeichen, Leuchtspur in der Nacht, dass Hoffnungsschimmer leise glänzen, wo alle Wege einst verfinstert waren.

Weihnachts-Stern, Zeichen, dass auch deine Seele von einem Lichtstrahl zart berührt, heut' um das große Wunder von versöhntem Leben weiß.

Christa Spilling-Nöker

Wohin der Stern uns führt

Vor über zwanzig Jahren habe ich das Weihnachtsoratorium von *Johann Sebastian Bach* entdeckt. Seither höre ich mir dieses Werk in einem Konzert jedes Jahr an – am liebsten im Berner Münster und mit dem Berner Bachchor. Ich meditiere es zu Hause beim bewussten Dasein und Zuhören. Von Anfang an hat mich zutiefst berührt, wie da die Verbindung zwischen der Krippe und dem Kreuz auf eindrückliche Art und Weise, fast hautnah, spürbar wird. Denn die Melodie des bekannten Liedes »O Haupt voll Blut und Wunden« aus der Matthäuspassion von *Bach* findet sich in Variationen auch im Weihnachtsoratorium.

Dieser unglaublichen Spannung begegnen wir auch in den Kindheitsgeschichten Jesu im Matthäusevangelium, die wir nicht als historische Berichte verstehen sollen, sondern als grundlegende Deutung der Geburt Jesu und seiner Bedeutung für unser Leben im Hier und Jetzt. Der Besuch der Weisen in Matthäus 2,1–18 lässt uns nicht nur die universelle Dimension dieser Geburt erfahren, die uns das Gute in jedem Menschen erkennen lässt. Durch die Gestalt des Herodes begegnen wir auch dem Widerwär-

tigen, dem Bösen, das Menschen zur Ungerechtigkeit und Gewalt führt. Weihnachtlich leben bedeutet jedes Jahr, jeden Monat, jede Woche, jeden Tag, jede Stunde, jede Minute, jede Sekunde meines Lebens zu verinnerlichen, dass Freud und Leid im Leben so nahe beieinander sind, dass es keine Liebe ohne Leiden gibt.

Der Stern von Betlehem erhellt alle Unrechts- und Ausgrenzungsstrukturen und ruft uns auf, alles zu unternehmen, um das Leiden zu verhindern. Derselbe Stern führt uns in die Tiefe unseres Menschseins, das in Jesus so *sympathisch* (griechisch: *mit-leidend*) sichtbar geworden ist und uns hilft anzunehmen, dass Leiden zum Leben gehört. Darum sahen die Kirchenväter – bedeutende Theologen der ersten christlichen Jahrhunderte – die drei Geschenke der Weisen als Sinnbild des Königtums (Gold), der Göttlichkeit (Weihrauch) und der Passion (Myrrhe) Christi.

Wenn wir jeden Tag neu die königliche und göttliche Würde in jedem Menschen sehen und dabei auch bereit sind, Widerstand zu leisten gegen die Ausbeutung des Menschen, dann tragen wir die Sehnsucht von Betlehem weiter, hinein in alle Dimensionen unseres Menschseins.

Pierre Stutz

Wovon der Stern uns spricht

Die Liebe spricht gerne von den Sternen. Zum Geliebten sagt sie: »Du bist mein Stern. Du bist ein Stern für mich.« Damit meinen wir, dass der andere Licht in unser Leben bringt, dass er wie ein Stern an unserem Nachthimmel leuchtet, dass unsere Nächte durch den anderen hell werden. Das Licht des Sternes hat ja einen ganz eigenen Glanz. Die Sprache der Liebe lässt uns erahnen, was an Weihnachten geschieht, da leuchtet uns in Christus ein Stern auf an unserem nächtlichen Himmel. Da bringt Christus durch seine Liebe Licht in unsere Dunkelheit. Der Stern, der am Himmel steht, verweist uns auf den Vater, der im Himmel ist. Er ist Bild unserer Sehnsucht nach dem ganz anderen … Wir sprechen von dem Stern, der am Horizont unseres Herzens aufgeht, wenn wir mit unserer Sehnsucht in Berührung kommen, und wir spüren, dass unser Herz weit über das Alltägliche hinausreicht, bis in die Welt Gottes, in der wir wahrhaft daheim sind.

Angelus Silesius hat wohl in unübertroffener Weise gedichtet, was Christus als der Morgenstern für uns ist:

»Morgenstern der finstern Nacht, / der die Welt voll Freuden macht. / Jesu mein, komm herein, / leucht in meines Herzens Schrein.«

Seit je haben Menschen ihre Sehnsüchte in die Sterne verlagert. Und die Sterne haben immer eine Faszination ausgeübt. Als Kinder haben wir gern das Lied gesungen: »Weißt du wie viel Sternlein stehen«. Das Lied gab uns die Gewissheit, dass Gott es gut mit uns meint, dass wir unter seinem Sternenhimmel daheim sind ... Die Sterne erinnern uns an die Heimat in dem Sinne, dass wir auf dieser Welt immer und überall daheim sind, weil die gleichen Sterne uns leuchten wie in unserer Heimat.

All diese Assoziationen spielen mit, wenn wir zu Weihnachten an den Stern denken, der Jesu Geburt angezeigt hat, und wenn wir die Weihnachtssterne an den Christbaum oder an die Fenster hängen. Durch Christi Geburt ist diese Welt uns Heimat geworden. Da leuchtet überall der gleiche Morgen- und Abendstern über uns am Himmel und lässt uns überall daheim sein. Und Weihnachten lädt uns dazu ein, dass wir selbst für andere zum Stern werden, der ihre Nacht erhellt und ihnen das Gefühl von Heimat schenkt ...

Der Weihnachtsstern sagt dir: Du bist nicht nur ein Mensch der Erde, sondern auch ein Mensch des Himmels. In dir leuchtet der Stern, der über dich hinausweist auf den, der vom Himmel herabkommt und unsere tiefste Sehnsucht erfüllt.

Anselm Grün

Sternenstaub

Wer bist du, Junge, der vom Himmel fiel
was willst du, warum änderst du mein Ziel
lockst mich in das Feuerland
Grün sprießt aus der Dornenwand
Sternenstaub
fällt in mein Herz

»Sternenstaub«, ein Wort und ein Lied von *Klaus Hoffmann,* einem deutschen Liedermacher – und mag sein, es geht genau darum: Sternenstaub in mein Herz fallen zu lassen. Dazu muss ich aufbrechen, meinen Weg nach dem großen Stern, dem Geheimnis ausrichten, das Fest feiern – und im Alltag von diesem Sternenstaub leben, Sternenstaub sammeln.

Leben von dem, was ich in dieser Zeit des Festes erleben kann und darf, was seine Spuren in meinem Herzen hinterlässt, was mich berührt, getröstet hat, was mir Mut und Zuversicht gegeben hat.

Manchmal mag das kein großer leuchtender Stern sein – sondern wirklich einfach nur: Sternenstaub …

Und zugleich: mitten in meinem Alltag Sternenstaub suchen und finden – ein Lächeln, ein gutes Wort, ein Sonnenuntergang, die Jagd der Wolken am Himmel, die Pfote, die mir ein großer, schwarzer Hund vertrauensvoll entgegenstreckt, der Brief eines Freundes, ein Gottesdienst, der mich berührt, ein Lied, das meine Stimmung ausdrückt, ein Gedicht von Rilke, das Verstehen …

Sternenstaub …

Scheinbar so wenig – und doch so unsagbar viel …

Sternenstaub …

Aber: Wenn man Sternenstaub sammelt, dann kann er sich auch zu einem neuen Stern verdichten …

Andrea Schwarz

Frieden, Frieden will ich rufen

Frieden, Frieden will ich rufen,
dass der Stern von Betlehem
nicht nur vor zweitausend Jahren
als die Weisen aus dem Morgenland
in dem Stall und an der Krippe waren,
Dunkelheit mit seinem Licht erhellt,

sondern dass die Waffen heute schweigen
und kein Mensch mehr um Gewalt und Hunger weiß,
dass die Mächtigen sich vor dem Schwachen neigen,
und es endlich Friede wird in dieser Welt,
der für alle Zeiten hält.

Frieden, Frieden will ich rufen,
dass der Stern auch heute
in dir aufgeht und mit hellem Licht
deine Angst und Trauer, Schmerz und Schuld
ein für alle Mal durchbricht
und jetzt ruhen kann, was gestern war,

dass sich deine Sehnsucht endlich stillt
und sich auf geheimnisvolle Weise
in der Zukunft auch dein Lebenstraum erfüllt.
Deine Wünsche werden wahr:
So gesegnet sei dein neues Jahr.

Christa Spilling-Nöker

✷

Der Stern von Bethlehem

In jenen Tagen erging ein Erlass des Kaisers Augustus, den ganzen Erdkreis in Steuerlisten einzutragen. Diese Aufzeichnung war die erste und geschah, als Quirinius Statthalter von Syrien war. Alle gingen hin, sich eintragen zu lassen, ein jeder in seine Stadt. Auch Josef zog von der Stadt Nazaret in Galiläa hinauf nach Judäa in die Stadt Davids, die Betlehem heißt. Denn er war aus dem Haus und Geschlecht Davids. Er wollte sich mit Maria eintragen lassen, seiner Verlobten, die schwanger war. Während sie dort waren, kam für Maria die Zeit ihrer Niederkunft, und sie gebar ihren Sohn, den Erstgeborenen, wickelte ihn in Windeln und legte ihn in eine Krippe, weil in der Herberge für sie kein Platz war.

Und in derselben Gegend waren Hirten auf dem Feld, die bei ihrer Herde Nachtwache hielten. Da trat der Engel des Herrn zu ihnen und die Herrlichkeit des Herrn umstrahlte sie und sie fürchteten sich sehr. Der Engel aber

sagte zu ihnen: »Fürchtet euch nicht! Denn ich verkünde euch eine große Freude, die dem ganzen Volk zuteil werden soll. Heute ist euch in der Stadt Davids der Retter geboren, nämlich der Messias, der Herr. Und dies soll euch das Zeichen sein: Ihr werdet ein Kind finden, in Windeln gewickelt, in einer Krippe liegend.«

Und plötzlich war bei dem Engel eine Menge himmlischer Heerscharen, die Gott lobten und sprachen: »Herrlichkeit in den Höhen für Gott und auf der Erde Friede den Menschen seiner Huld.«

Als die Engel von ihnen weg in den Himmel gegangen waren, sagten die Hirten zueinander: »Lasst uns nach Betlehem gehen und sehen, was geschehen ist und was der Herr uns kundgetan hat.«

Sie kamen eilends hin und fanden Maria und Josef und das Kind, das in der Krippe lag. Als sie es sahen, berichteten sie von dem Wort, das ihnen über dieses Kind gesagt worden war. Und alle, die es hörten, wunderten sich über das, was ihnen von den Hirten erzählt wurde. Maria aber bewahrte alle diese Worte und erwog sie in ihrem Herzen.

Lukasevangelium 2,1–19

Als nun Jesus geboren war, zu Betlehem im Land Juda in den Tagen des Königs Herodes, da kamen Magier aus dem Osten nach Jerusalem und fragten: »Wo ist der neugeborenen König der Juden? Wir haben seinen Stern aufgehen sehen und sind gekommen, ihm zu huldigen.« Als König Herodes das hörte, erschrak er und ganz Jerusalem mit ihm. Er ließ alle Hohenpriester und Schriftgelehrten des Volkes zusammenkommen und forschte sie aus, wo der Messias geboren werden sollte. Sie antworteten ihm: »In Betlehem in Judäa. Denn so steht beim Propheten geschrieben: Du, Betlehem im Land Juda, bist keineswegs die geringste unter den führenden Städten Judas, denn aus dir wird ein Herrscher hervorgehen, der mein Volk Israel weiden wird.«

Da rief Herodes die Magier heimlich zu sich und horchte sie aus, wann ihnen der Stern erschienen war. Dann schickte er sie nach Betlehem und sagte: »Geht und forscht sorgfältig nach dem Kind; und sobald ihr es gefunden habt, lasst es mich wissen, damit auch ich komme und ihm huldige.«

Nachdem sie den König angehört hatten, brachen sie auf. Und der Stern, den sie hatten aufgehen sehen, zog vor

ihnen her, bis er ankam und über dem Ort stehen blieb, wo das Kind war. Als sie den Stern erblickten, hatten sie eine überaus große Freude. Sie traten in das Haus ein und sahen das Kind mit Maria, seiner Mutter, fielen nieder und huldigten ihm. Dann öffneten sie ihre Schätze und brachten ihm Geschenke dar, Gold, Weihrauch und Myrrhe.

Und da sie im Traum die Weisung erhielten, nicht zu Herodes zurückzukehren, zogen sie auf einem anderen Weg heim in ihr Land.

Matthäusevangelium 2,1–12

✷

Quellenverzeichnis

Phil Bosmans

Zuletzt bei Herder: »Blumen des Glücks musst du selber pflanzen«.

Phil Bosmans, Gott – meine Oase. Vom Grund aller Lebensfreude, 2006.
– Leben jeden Tag. Ein Jahresbegleiter. Übertragen und hg. von Ulrich Schütz, ^{6}2006.
– Mit allen guten Wünschen. Grußbotschaften für jeden Anlass. Hg. von Ulrich Schütz, ^{2}2005.
– Weihnachten mit Phil Bosmans. Texte für alle Tage der Advents- und Weihnachtszeit,

Phil Bosmans / Ulrich Schütz, Jedes Herz braucht ein Zuhause, 2006.

Anselm Grün

Zuletzt bei Herder Spektrum: »Vertrauen. Spüre das Leben«.

Anselm Grün, Das kleine Buch der Engel. Wünsche, die von Herzen kommen. Hg. von Anton Lichtenauer, ^{3}2005.
– Das Buch der Lebenskunst. Hg. von Anton Lichtenauer, ^{11}2005.
– Engel für das Leben, 2001.
– Das Glück des Einklangs im ABC der Lebenskunst, 2004.
– Das Glück der Stille im ABC der Lebenskunst, 2005.
– Mit Herz und allen Sinnen. Jahreslesebuch, Neuausgabe 2005.
– Weihnachten – einen neuen Anfang feiern. Fest zwischen den Zeiten. Herder Spektrum Taschenbuch, 1999, ^{4}2001.
– Weihnachtlich leben, 2000, ^{4}2002.

Anselm Grün / Andreas Felger, Engel – Bilder göttlicher Nähe, Verlag Herder Freiburg im Breisgau / Präsenz Kunst & Buch Gnadenthal, Neuausgabe 2006.

Andrea Schwarz

Zuletzt bei Herder: »Eigentlich ist Weihnachten ganz anders. Hofnungstexte«.

Andrea Schwarz, Wenn ich meinem Dunkel traue. Auf der Suche nach Weihnachten, ⁴2001.
- Und im Dunkeln strahlt ein Licht. Weihnachtsgedanken, 2001.
- Bleib dem Leben auf der Spur. Geschichten von unterwegs, 2005.
- Und jeden Tag mehr leben. Ein Jahreslesebuch, ²2005.

Christa Spilling-Nöker

Zuletzt bei Herder: »Einfach gerne leben. 365 gute Tage«.

Christa Spilling-Nöker, Engel an deinem Weg, 2004.
- Engel verkünden den Frieden. Der meditative Adventskalender, 2005.
- Vom Engel, der aus allen Wolken fiel, 2005.
- Von einem Engel zart berührt. Geschichten, Gedichte und Meditationen zur Weihnachtszeit, Gütersloh ³2001. © bei der Autorin.
- Sterne weisen dir den Weg. Geschichten und Gedichte zur Advents- und Weihnachtszeit, Gütersloh 2001. © bei der Autorin.

Pierre Stutz

Zuletzt bei Herder Spektrum: »Ein Stück Himmel im Alltag. Sieben Schritte zu mehr Lebendigkeit«.

Pierre Stutz, Unter dem Stern der Hoffnung. Meditationen in der Advents- und Weihnachtszeit, 2002.
- Der Stimme des Herzens folgen. Jahreslesebuch, ²2006.
- Ein Stück Himmel im Alltag. Sieben Schritte zu mehr Lebendigkeit. Herder Spektrum Taschenbuch, ⁷2004.
- Weihnachten – unserer Sehnsucht folgen. Herder Spektrum Taschenbuch, 2001.
- Zeit des Wachsens, Zeit des Reifens. Leben im Rhythmus der Jahreszeiten. Herder Spektrum Taschenbuch, 2004.

Quellenverzeichnis

Wo nicht anders vermerkt, sind alle Titel erschienen im Verlag Herder, Freiburg im Breisgau.

Für die Advents- und Weihnachtszeit

Weihnachten in den Worten der Dichter

Ein literarischer Gabentisch

Mit neun Grafiken aus fünf Jahrhunderten

Herausgegeben von Beate Vogt

320 Seiten, gebunden mit Schutzumschlag und Leseband

ISBN 978-3-451-29650-5

Geschenke der Weltliteratur: Wie kein anderes christliches Fest hat Weihnachten seit je Dichter und Schriftsteller inspiriert – bis heute. »Weihnachten in den Worten der Dichter« bietet eine kundige Auswahl deutscher Prosatexte und Gedichte aus fünf Jahrhunderten. Ob anrührend oder zeitkritisch: Zum Thema Weihnachten präsentieren sich die Literaten in Bestform.
Mit Texten von: Rose Ausländer, Heinrich Böll, Wolfgang Borchert, Bertolt Brecht, Clemens von Brentano, Matthias Claudius, Joseph von Eichendorff, Theodor Fontane, Erich Fried, Wilhelm Genazino, Robert Gernhardt, Johann Wolfgang von Goethe, Günter Grass, Durs Grünbein, Andreas Gryphius, Ulla Hahn, Peter Handke, Hermann Hesse, Friedrich Hölderlin, Ernst Jandl, Franz Kafka, Gottfried Keller, Walter Kempowski, Heinrich von Kleist, Christian Morgenstern, Novalis, Hanns Josef Ortheil, Jean Paul, Rainer Maria Rilke, Adalbert Stifter, Theodor Storm, Georg Trakl, Kurt Tucholsky, Birgit Vanderbeke, Robert Walser, Carl Zuckmayer, Arnold Zweig und vielen anderen.

HERDER

Die Poesie des Himmels

Eine literarische Reise durch die Welt der Engel

Herausgeben von Josefine Müllers

320 Seiten, gebunden mit Schutzumschlag und Leseband

ISBN 978-3-451-32400-0

In diesem lyrischen Hausbuch zum Thema Engel fehlt keiner der großen Namen der Literatur, die allesamt den geflügelten Boten Gedichte gewidmet haben. Diese außerordentliche Gedicht-Anthologie versammelt Texte von 150 Autorinnen und Autoren der deutschsprachigen Lyrik und der Weltliteratur. Die vielgestaltigen poetischen Zugänge der Dichterinnen und Dichter spiegeln christliche, jüdische, islamische, moderne Annäherungen an die Engel wider und laden zu einer himmlischen Reise ein ... auf den Spuren der Engel.
Mit Texten von: Angelus Silesius, Hans Arp, Rose Ausländer, Charles Baudelaire, Dietrich Bonhoeffer, Jorge Luis Borges, Paul Celan, Jean Cocteau, Luciano de Crescenzo, Milosz Czeslaw, Hilde Domin, Joseph von Eichendorff, Hans Magnus Enzensberger, Stefan George, Paul Gerhardt, Khalil Gibran, Johann Wolfgang von Goethe, Claire Goll, Günther Grass, Peter Härtling, Jehuda Halewi, Heinrich Heine, Zbigniew Herbert, Hildegard von Bingen, Friedrich Hölderlin, Ricarda Huch, Peter Huchel, Victor Hugo, Mascha Kaléko, Marie-Luise Kaschnitz, Heinrich von Kleist, Else Lasker-Schüler, Martin Luther, Friederike Mayröcker, Mechthild von Magdeburg, Meister Eckhardt, Christian Morgenstern, Novalis, Edgar Allen Poe, Alexander Puschkin, Rainer Maria Rilke, Arthur Rimbaud, Rûmi Dschelâl ed Din, Nelly Sachs, Georg Trakl, Paul Verlaine, Franz Werfel und vielen anderen.